fiches de
gestion de la paie

Rappels de cours et exercices corrigés

3e édition

Maguy Perrin

PRCE économie-gestion option finance comptabilité

Christophe Goupil

PRAG économie-gestion option finance comptabilité

ellipses

Des mêmes auteurs chez le même éditeur

Fiches de GRH, 2017
Fiche de Contrôle de gestion et Gestion prévisionnelle, 2014
Fiches de Comptabilité de gestion, 2013
Fiches d'Analyse financière et Diagnostic financier, 2013
Fiches de Comptabilité générale, 2013

ISBN 9782340-027329

32, rue Bargue 75740 Paris cedex 15

www.editions-ellipses.fr

Table des matières

Introduction

Dans notre pays, les activités humaines sont régies par le droit international, le droit européen et le droit national. Il existe plusieurs spécificités du droit. Celles qui nous intéressent sont le droit du travail, le droit social et le droit comptable.

Dans cet ouvrage, nous nous appliquons à vous montrer la manière dont une rémunération, et plus particulièrement le salaire, s'élabore grâce à ces trois branches du droit.

Vous en verrez la **détermination**, le **calcul**, l'**application** des normalités et des particularités, auxquels tout chef d'entreprise doit se plier.

Ainsi, vous pourrez vous **renseigner** sur :

- la durée du travail et son évolution,
- le bulletin de salaire, ses spécificités, sa comptabilisation...

Vous pourrez vous **renseigner** sur :

- les absences rémunérées,
- les absences non rémunérées.

Vous pourrez vous **renseigner** sur le licenciement, donc sur la rupture d'un contrat de travail et son indemnisation.

Et si vous souhaitez devenir chef d'entreprise, vous pourrez vous **renseigner** sur les obligations administratives de déclarations.

Nous sommes en 2018 et vous présentons la 3e édition de notre ouvrage « Gestion de la paye ». Mais pourquoi une 3e édition ?

Nos différents ouvrages, et plus particulièrement la « Gestion des ressources humaines », parus dans cette même édition Ellipses (liste en couverture), vous ont montré ce que l'arrivée d'un nouveau Président et de son gouvernement, prévoit dans l'évolution du droit du travail.

La « Gestion de la paye » traitée dans celui-ci en fait partie. Voici quelques aspects des modifications :

- tout d'abord, la modification « physique » du bulletin de paye et la clarification de sa lecture, s'appliquent désormais à toutes les entreprises à compter du 1er janvier 2018,
- comme toujours, à chaque 1er janvier, les taux de cotisations sociales incombant aux salariés et employeurs se voient modifiés, soit par une augmentation, soit par une diminution. Certains dans le même temps, sont supprimés comme le taux de cotisation « maladie, maternité, invalidité, décès » (pour les salariés), alors que d'autres font leur apparition comme le taux de cotisation « financement des organisations syndicales » (pour les employeurs),

- mais encore, de nombreux pourparlers relatifs au licenciement ont abouti à des modifications des montants des indemnités légales, et à l'instauration de rupture conventionnelle collective (« RCC ») et de ses modalités d'application.

Cet ouvrage, à caractère pédagogique, présente l'ensemble des calculs afférant à l'élaboration du bulletin de paye ainsi que leurs enregistrements comptables, qu'il soit :

- pour des salariés en CDD ou CDI, cadres ou non cadres,
- pour des apprentis, des personnes en contrat de professionnalisation, des stagiaires.

L'utilisation que vous ferez de cette nouvelle présentation pourra donc être celle de l'étudiant(e) que vous êtes, mais aussi du (de la) professionnel(le) répondant aux interrogations des différents intervenants de votre entreprise.

Fiche 1

Le contrat de travail et sa rémunération

Définition

Le **contrat de travail** est une « convention par laquelle une personne s'engage à exécuter, au profit d'une autre et sous la subordination de laquelle elle se place, un travail moyennant une rémunération ».

Objectif

Le contrat de travail a pour but de satisfaire la loi en matière d'activités, de rémunération…

I. Les contraintes juridiques

La rémunération peut prendre des appellations différentes : le salaire, la paye, les appointements ou honoraires, le traitement. Son montant est en principe « librement » négocié entre salarié et employeur. Cependant cette liberté est encadrée par des contraintes juridiques internationales et nationales.

A. Les contraintes juridiques internationales

Le travail (et par conséquent sa rémunération) tient compte au niveau international des différentes sources légales :

- Les normes internationales (conventions et recommandations) qui émanent de l'Organisation Internationale du Travail (« OIT »).
- Les normes européennes (règlements et directives).

B. Les contraintes juridiques nationales

Le travail (et par conséquent sa rémunération) tient compte au niveau national des différentes sources légales :

- La constitution française (ou principes fondamentaux de l'État nation).
- La loi, qui émane du Parlement français.
- Les règlements et décrets, qui précisent la Loi.

Mais il tient compte d'autres sources, dites négociées :

- Les conventions et accords collectifs, qui traitent de l'ensemble des conditions de travail, d'emploi et garanties sociales. Ces textes sont issus de la négociation entre les partenaires sociaux (organisations patronales et syndicats de salariés).
- Les usages, c'est-à-dire les avantages au profit du personnel qui sont devenus un droit car répétés depuis des années.
- Le règlement intérieur de l'entreprise, qui contient les règles concernant l'hygiène, la sécurité, les sanctions disciplinaires, l'interdiction de toute pratique de harcèlement moral ou sexuel, etc. Il est obligatoire dans les entreprises de 20 salariés et plus.
- Le contrat de travail.

II. La fixation du salaire

Outre les contraintes juridiques internationales et européennes qu'il doit respecter, le salaire dépend au niveau national du droit social et du droit de la protection sociale.

Il doit notamment respecter :

- Le salaire minimum légal, dit « SMIC » (Salaire Minimum Interprofessionnel de Croissance).
- Et les rémunérations fixées par les conventions collectives pour chaque niveau de qualification.

Les modes de fixation des salaires sont extrêmement variés mais peuvent être regroupés en deux grandes catégories :

- Le salaire lié à la quantité de travail (salaire au rendement, salaire en fonction des ventes, etc.).
- Le salaire lié au temps de travail (salaire horaire, mensuel).

La plupart des salaires sont mensualisés, ce qui signifie que le salarié percevra une rémunération identique chaque mois, quel que soit le temps de travail **effectif**.

Du fait de la concurrence inter-entreprises, les systèmes de rémunération doivent évoluer pour susciter la « motivation » du salarié. À partir de la seconde guerre mondiale, les critères de rémunération changent :

- De 1950 à 1965, la rémunération est fondée sur **l'ancienneté**.
- De 1965 à 1990, la rémunération est fondée sur la **compétence**.
- Depuis 1990, la rémunération est fondée sur la **performance**.

Le Japon propose même une rémunération à **risques** (comme par exemple pour un « trader »). Donc de nos jours, la rémunération est de plus en plus **individualisée**.

Mais l'individualisation des salaires (ou « salaire au mérite ») s'est peu à peu répandue dans les entreprises privées ou publiques et s'oppose au système de fixation collective des rémunérations. Ainsi, la progression du salaire est soumise à des conditions de performance individuelle et nécessite la mise en place d'un système d'évaluation des salariés.

Fiche 2
La durée du travail

I. La durée légale du travail
II. Les durées maximales de travail
III. Les horaires individualisés (libres et variables)
IV. Les heures supplémentaires
V. Le contingent d'heures supplémentaires, le repos compensateur et le compte épargne temps (« CET »)
VI. La modulation du temps de travail

Définition

La **durée du travail** est le nombre d'heures de travail effectué par le salarié en fonction de son contrat.

Objectif

Cette durée peut être inférieure à la durée légale du travail ou supérieure à celle-ci, déclenchant alors le calcul d'heures supplémentaires. Dans les deux cas, elle permet de rémunérer le salarié.

I. La durée légale du travail

La durée légale du travail, c'est-à-dire la période pendant laquelle le salarié s'engage à exécuter un travail, est en principe un horaire collectif (Code du travail, art L3121-10). Elle doit tenir compte de régimes spéciaux, de l'application de conventions collectives, de l'emploi occupé par le salarié et de la mise en place d'accords spécifiques de modulation.

La durée légale du travail est de 35 heures de travail effectif par semaine.

La durée du travail effectif est définie (selon le Code du travail, art L3121-1) comme « le temps de travail pendant lequel le salarié est à la disposition de son employeur et se conforme à ses directives sans pouvoir vaquer à ses occupations personnelles ».

Mais certaines PME de moins de 50 salariés pourront proposer, à leurs salariés, de passer au « **forfait jour** », entraînant donc une dérogation à la durée légale des 35 heures, et ce, **même sans accord collectif.**

$$\textbf{Durée légale de travail mensuelle moyenne} = \textbf{35 heures par semaine} \times \frac{\textbf{52 semaines}}{\textbf{12 mois}}$$

Durée légale de travail mensuelle moyenne = 151,67 heures

Les temps de restauration et de déplacements entre le domicile et le lieu de travail sont exclus de la durée du travail effectif.

Lorsque le port d'une tenue de travail est exigé, le temps d'habillage et de déshabillage peut être assimilé à la durée du travail effectif.

La durée légale du travail ne s'applique pas à certaines professions comme par exemple les « VRP » (Voyageur, Représentant, Placier), les dirigeants de sociétés commerciales, les gérants non salariés de maisons d'alimentation de détails, les concierges d'immeubles d'habitation, les employés de maison, les assistantes maternelles.

Une durée dite « d'équivalence » s'applique dans certains secteurs (commerce de détail alimentaire, transport routier, hôtellerie restauration, etc.) où le temps de travail comporte des temps d'inaction. La durée de travail est alors supérieure à la durée légale de travail de 35 heures hebdomadaires.

Les règles relatives à la durée légale du travail ne s'appliquent pas à un certain nombre de salariés (cadres ou non cadres) qui ont signé une convention de forfait. En effet, les salariés qui ont la capacité d'organiser leur travail sont rémunérés selon un forfait incluant un salaire de base et un certain nombre d'heures supplémentaires.

II. Les durées maximales de travail

L'article 2 de la « Loi travail » de 2016, faisant polémique, a cependant été voté. Il permet une inversion de la hiérarchie des normes disant qu'un accord négocié au sein de l'entreprise prévaudra l'accord négocié au sein de la branche.

Sauf dérogation, des durées maximales de travail doivent être respectées et sont de :

- 10 heures par jour, jusqu'à 12 heures par accord collectif si l'activité de l'entreprise augmente.
- 48 heures sur une semaine, jusqu'à 60 heures avec accord de l'inspection du travail et ponctuelles selon des circonstances exceptionnelles.
- 44 heures par semaine ou plus si les deux conditions énoncées ci-dessus sont remplies, et ce, sur 12 semaines consécutives.

Des périodes de repos sont obligatoires et correspondent à :

- 11 heures consécutives par jour.
- 24 heures consécutives par semaine.

L'employeur est aussi tenu d'accorder une pause d'au moins 20 minutes lorsque le temps de travail quotidien atteint 6 heures.

III. Les horaires libres et variables

L'horaire de travail est en principe collectif. Deux attitudes s'offrent à l'entreprise du fait de la situation économique actuelle :

- Si elle rencontre des difficultés d'activité, elle peut signer un « accord de maintien dans l'emploi » faisant état d'une modification du salaire, du temps de travail… cela s'appelle un « **accord défensif** ».
- Si elle conquiert des marchés nouveaux, elle développera l'emploi en modifiant le temps de travail, la rémunération, pour deux ans maximum et ce en fonction des besoins. Cela s'appelle un « **accord offensif** ».
- Mais un salarié peut refuser, il fera alors l'objet d'un licenciement économique, et non pour motif personnel. Il pourra suivre une formation financée en partie par l'employeur.

L'horaire de travail est en principe collectif mais l'entreprise peut déroger à cette règle en mettant en place des horaires individualisés appelés « horaires à la carte », « horaires flexibles », « horaires libres » ou encore « horaires variables » (Code du travail, art L3122-23).

Pour instituer ces horaires individualisés, il faut que le personnel en ait fait la demande, que le comité d'entreprise ou à défaut les délégués du personnel ne s'y soient pas opposés et que l'inspection du travail ait été préalablement informée.

L'entreprise qui pratique un système d'horaire variable met en place un temps de présence obligatoire dans le cadre de « plages fixes » et des « plages mobiles » pendant lesquelles les salariés choisissent leurs horaires. Les horaires individualisés peuvent entraîner des reports d'heures (dans la limite d'un nombre fixé par décret) d'une semaine à une autre, sans que ces heures reportées aient un effet sur le nombre et le paiement des heures supplémentaires.

Exemple d'une journée de travail en règle générale

9 h-10 h	10 h-12 h	12 h-14 h	14 h-16 h	16 h-17 h
Plage mobile	Plage fixe	Plage repas	Plage fixe	Plage mobile

IV. Les heures supplémentaires

Selon le Code du travail, art L3121-11 et suivants « **constituent des heures supplémentaires les heures effectuées par le salarié à la demande de l'entreprise au-delà de la durée légale hebdomadaire du travail** » à l'exception d'un aménagement du temps de travail, des heures d'équivalence et des heures de récupération. Elles sont possibles uniquement dans le cadre d'un **contrat de travail à temps complet.**

Les heures supplémentaires se décomptent toujours dans le cadre de la semaine civile (sauf dans les cas d'horaires cycliques, modulés ou individualisés). Elle commence le lundi à 0 heure et se termine le dimanche à 24 heures.

Pour calculer le nombre d'heures supplémentaires effectué par semaine, on assimile aux **jours de travail effectif** les repos compensateurs et congés pour événements familiaux (7 heures par jour). Les congés payés, les congés maladie et jours fériés[1] (à l'exception du 1er mai) sont exclus du calcul.

Les heures supplémentaires donnent lieu à une majoration de salaire. La « Loi travail » de 2016 prévoit une majoration de ces heures de 10 % minimum (ou plus) si un accord collectif le décide.

Cette décision prime sur l'accord de branche même si celui-ci est plus favorable aux salariés (article 2 de la « Loi travail » 2016).

À défaut d'accord collectif, le taux de la majoration sera celui de l'accord de branche fixé comme suit :

- De la 36e à la 43e heure incluse : + 25 %.
- À partir de la 44e heure : + 50 %.

Les jours fériés chômés doivent être pris en compte pour déterminer les droits à majoration pour heures supplémentaires.

Le paiement des heures supplémentaires peut être remplacé par un repos compensateur de remplacement d'une durée équivalente. Le repos compensateur de remplacement doit être prévu par une convention ou un accord collectif, à défaut il doit être mis en place avec l'accord du comité d'entreprise ou des délégués du personnel.

---

1. Les jours fériés sont au nombre de 11 : 1er janvier, lundi de Pâques, 1er mai, 8 mai, jeudi de l'Ascension, lundi de Pentecôte, 14 juillet, 15 août, 1er novembre ou Toussaint, 11 novembre, 25 décembre ou Noël.

Seul le 1er mai est un jour férié et chômé (c'est-à-dire non travaillé), pour lequel la loi prévoit une majoration de salaire de 100 % pour le travail effectué ce jour.

Les autres jours fériés peuvent être chômés si un accord collectif ou si un usage le prévoit et sont rémunérés normalement à condition que le salarié justifie de trois mois d'ancienneté, sauf convention collective plus favorable.

Exemple

Martine Gorve est employée au sein d'une société et a signé un contrat de travail à durée indéterminée sur la base de 35 heures par semaine, pour un salaire brut mensuel de 1 700 € (soit 11,21 € par heure travaillée). Les semaines 17 à 19 font apparaître les relevés d'heures suivants.

Semaine 17

Jour	Heures théoriques de travail	Heures de travail effectif	Heures normales prises en compte	HS[1] à 25 %	HS[1] à50 %	Raison
Lundi	07 h	07 h	07 h			
Mardi	07 h	08 h	07 h	01 h		
Mercredi	07 h	10 h	07 h	03 h		
Jeudi	07 h	**00 h**	**07 h**			**1er mai, chômé**
Vendredi	07 h	07 h	07 h			
Samedi						
Dimanche						
Total	35 h	**32 h**	35 h	04 h		

1. HS : Heures supplémentaires.

Semaine 18

Jour	Heures théoriques de travail	Heures de travail effectif	Heures normales prises en compte	HS[1] à 25 %	HS[1] à 50 %	Raison
Lundi	07 h	10 h	07 h	03 h		
Mardi	07 h	10 h	07 h	03 h		
Mercredi	07 h	09 h	07 h	02 h		
Jeudi	07 h	**00 h**	**07 h**			**8 mai, chômé**
Vendredi	07 h	08 h	07 h		01 h	
Samedi						
Dimanche						
Total	35 h	**37 h**	35 h	08 h	01 h	

1. HS : Heures supplémentaires.

Semaine 19

Jour	Heures théoriques de travail	Heures de travail effectif	Heures normales prises en compte	HS[1] à 25 %	HS[1] à 50 %	Raison
Lundi	07 h	**00 h**	**00 h**			**Maladie**
Mardi	07 h	**00 h**	**00 h**			**Maladie**
Mercredi	07 h	08 h	07 h	01 h		
Jeudi	07 h	10 h	07 h	03 h		
Vendredi	07 h	09 h	07 h	02 h		
Samedi						
Dimanche						
Total	35 h	27 h	21 h	06 h		

1. HS : Heures supplémentaires calculées sur seulement les trois jours ouvrés, en raison de la maladie.

Les heures supplémentaires seront rémunérées ainsi :

Type d'heures supplémentaires	Nombre d'heures supplémentaires	Explications	Rémunération
HS[1] majorées à **25 %**	04 h 08 h 06 h	Semaine 17 Semaine 18 Semaine 19	252,23 € [= 18 h × (11,21 € × 1,25)]
HS[1] majorées à **50 %**	01 h	Semaine 18	16,82 € [= 1 h × (11,21 € × 1,50)]
Total heures supplémentaires	19 h		269,05 € (= 252,23 + 16,82)

1. HS : Heures supplémentaires.

V. Le contingent d'heures supplémentaires, le repos compensateur et le compte épargne temps (« CET »)

Le contingent annuel réglementaire applicable en l'absence de contingent conventionnel est fixé à **220 heures par an et par salarié** pour tous les salariés soumis à la réglementation de la durée du travail, à l'exception de ceux au forfait annuel en heures ou en jours.

Les heures supplémentaires imputables sur le contingent annuel sont les heures effectuées au-delà de 35 heures.

A. Le repos compensateur

Une contrepartie en repos dite « **repos compensateur » est obligatoire uniquement pour les heures supplémentaires effectuées au-delà du contingent annuel.** Ce droit s'applique aux salariés ayant signé une convention de forfait.

Pour les **entreprises de plus de 20 salariés,** un repos est accordé à hauteur de 100 % du temps de travail accompli au-delà de 35 heures pour les heures supplémentaires effectuées après épuisement du contingent conventionnel ou réglementaire.

Pour les **entreprises de 20 salariés et moins,** un repos est accordé à hauteur de 50 % du temps de travail accompli au-delà de 35 heures pour les heures supplémentaires effectuées après épuisement du contingent conventionnel ou réglementaire.

Sauf stipulations conventionnelles contraires, le droit à contrepartie est ouvert dès que la durée du repos acquis atteint 7 heures. Le repos peut être pris au choix du salarié par journée entière ou par demi-journée et non payé naturellement.

Exemple

Un salarié a effectué 45 heures de travail effectif sur une semaine et a atteint le contingent annuel d'heures supplémentaires. L'entreprise compte 15 salariés.

Le salarié va se voir majorer de 25 % les 8 premières heures supplémentaires et de 50 % les 9ᵉ et 10ᵉ heures supplémentaires.

Étant dans une entreprise de moins de 20 salariés et ayant effectué des heures supplémentaires au-delà du contingent annuel, il bénéficiera aussi d'une contrepartie en repos compensateur égale à 50 % du temps accompli au-delà de la 35ᵉ heure soit 5 heures de repos (= 10 heures supplémentaires × 50 %).

Dès que le salarié a cumulé 7 heures de repos compensateur, il peut prendre celui-ci par journée entière ou par demi-journée, à sa convenance, dans un délai de 2 mois (sauf si un accord collectif prévoit un délai différent qui ne peut excéder 6 mois après l'ouverture des droits).

B. Le compte épargne temps (ou « CET »)

Le « CET » est un dispositif mis en place par convention ou accord collectif. Il permet au salarié, qui le souhaite, d'accumuler des jours de congés rémunérés (à prendre pendant des périodes d'inactivité normalement non rémunérées) ou d'accumuler une épargne en argent.

Par exemple, un salarié proche de la retraite peut anticiper son départ du nombre de jours cumulés en « CET ».

Le « CET » peut être alimenté de jours de congés payés (au-delà des 4 premières semaines), de repos compensateurs mais aussi d'éléments monétaires (intéressement, participation, compléments de salaires, majorations d'heures supplémentaires, etc.).

VI. La modulation du temps de travail

Une entreprise peut avoir une activité irrégulière d'une semaine à l'autre, d'un mois à l'autre, d'un trimestre à l'autre, etc. du fait d'une activité saisonnière, de la fluctuation des commandes...

La modulation du temps de travail permet alors une compensation des heures effectuées au-delà de la durée légale sur certaines semaines par des durées inférieures au cours d'autres semaines. Une convention ou un accord collectif doit autoriser cette modulation, à défaut la loi du 22 août 2008 permet un aménagement du temps de travail sur quatre semaines au plus.

La loi permet à l'entreprise de moduler le temps de travail hebdomadaire sur une période supérieure à une semaine et au plus égale à l'année civile mais dans la limite de 1 607 heures annuelles sans rémunération d'heures supplémentaires. Au-delà, le contingent annuel d'heures supplémentaires doit être fixé par accord collectif. À défaut, le contingent est de 220 heures supplémentaires.

Lors des périodes de haute activité, le temps de travail ne peut pas dépasser les durées maximales prévues par l'accord d'aménagement et dans les limites suivantes :

- 10 heures par jour, jusqu'à 12 heures par accord collectif si l'activité de l'entreprise augmente.
- 48 heures sur une semaine, jusqu'à 60 heures avec accord de l'inspection du travail et ponctuelle selon des circonstances exceptionnelles.
- 44 heures par semaine ou plus si les deux conditions énoncées ci-dessus sont remplies, et ce, sur 12 semaines consécutives.

Exemple 1

Une entreprise, appliquant la modulation du temps de travail, a fixé la durée maximale de travail hebdomadaire à 41 heures.

Un salarié ayant effectué 45 heures une semaine donnée se verra alors payer 4 heures supplémentaires. Les heures effectuées à compter de la 42e heure sont des heures supplémentaires et ce, même si la durée du travail n'excède pas 1 607 heures annuelles.

Exemple 2

Reprenons le cas de l'entreprise qui applique la modulation du temps de travail, et dont la durée maximale de travail hebdomadaire est de 41 heures.

Un salarié a travaillé 47 semaines (52 semaines – 5 semaines de congés payés) et ce sans jamais avoir dépassé la durée maximale hebdomadaire de 41 heures. Il a donc travaillé au total 1 645 heures (= 35 heures hebdomadaires × 47 semaines) et se verra payer 38 heures supplémentaires (= 1 645 – 1 607).

VII. Le temps partiel et les heures complémentaires

A. Le temps partiel

Le temps partiel correspond à une durée de travail inférieure à la durée légale du temps de travail (35 heures) et à la durée collective du travail fixée par l'entreprise. La durée du temps de travail à temps partiel peut être mensualisée ou annualisée.

La loi du 14 juin 2013 relative à la sécurisation de l'emploi prévoit une réglementation spécifique en matière de temps partiels. Ainsi la durée plancher est de 24 heures par semaine.

Les salariés peuvent demander à travailler moins de 24 heures par semaine pour des contraintes personnelles ou pour pouvoir cumuler plusieurs activités. Les jeunes de moins de 26 ans poursuivant leurs études ainsi que les salariés d'employeurs particuliers peuvent avoir des contrats de moins de 24 heures hebdomadaires.

Le contrat de travail doit mentionner par écrit :

- Les horaires de travail pour chaque journée travaillée.
- La répartition de la durée du travail entre les jours de la semaine ou les semaines du mois.
- Les cas dans lesquels cette répartition peut être modifiée et la nature de cette modification.

L'employeur peut modifier la répartition de la durée du travail prévue au contrat s'il respecte un préavis de 7 jours. Le salarié peut s'opposer à un tel changement sans encourir ni sanction ni licenciement :

- Si le contrat ne prévoit pas les cas et la nature de la modification de la durée du travail.
- Ou si les modifications sont incompatibles avec des obligations familiales, le suivi d'un enseignement scolaire ou supérieur ou une période d'activité fixée chez un autre employeur ou une activité professionnelle non salariée.

La rémunération du salarié à temps partiel est proportionnelle à celle du salarié qui, à qualification égale, occupe à temps complet un emploi équivalent dans l'entreprise. Le montant de cette rémunération dépend de la durée du travail et de l'ancienneté du salarié. Ce dernier bénéficie des mêmes droits que ceux accordés aux autres salariés au prorata de son salaire.

B. Les heures complémentaires

Les heures complémentaires sont les heures effectuées au-delà de la durée du contrat à temps partiel.

Le nombre d'heures complémentaires est limité à 10 % de l'horaire prévu au contrat. Cette limite peut être portée à un tiers en cas d'accord collectif. Les entreprises peuvent avoir recours aux heures complémentaires au maximum 8 fois par an et par salarié.

Les heures complémentaires effectuées dans la limite de 10 % (ou d'un tiers) sont majorées de 10 % et celles effectuées au-delà de ce seuil sont majorées de 25 %.

Quel que soit le nombre d'heures complémentaires effectuées, la durée hebdomadaire de travail d'un salarié à temps partiel ne peut pas être portée à plus de 35 heures. En aucun cas les heures complémentaires ne peuvent être compensées par du repos et doivent être rémunérées.

Exemple

Un salarié travaille 24 heures par semaine. Il pourra alors effectuer chaque semaine 2,40 heures complémentaires (= 24 heures × 10 %) pour lesquelles la rémunération sera majorée de 10 %.

Si un accord collectif prévoit une limite d'heures complémentaires égale à un tiers du temps de travail hebdomadaire, ce salarié pourra effectuer 8 heures complémentaires (= 24 × 1/3).

La rémunération des 2,40 premières heures complémentaires sera majorée de **10 %** et la rémunération des 5,60 heures complémentaires suivantes (5,60 = 8 – 2,40) le sera à **25 %**.

APPLICATION 1 : LES HEURES SUPPLÉMENTAIRES

Mme Marinon est employée au sein de la société Kerbola. Son contrat de travail est à durée indéterminée sur la base de 35 heures par semaine pour un salaire de base de 1 971,71 € brut par mois.

Travail à faire :

1) Compléter les relevés d'heures (annexe 1) concernant Mme Marinon pour le mois de janvier N.
2) Calculer la rémunération horaire normale de Mme Marinon.
3) Calculer, à l'aide de l'annexe 2, la rémunération de ses heures supplémentaires pour le mois de janvier N.

Annexe 1 – Relevés d'heures de Mme Marinon (janvier N)

Semaine 01 – du 30/12/N – 1 au 05/01/N

Jour	Heures théoriques de travail	Heures de travail effectif	Heures normales prises en compte	HS[1] à 25 %	HS[1] à 50 %	Raison
Lundi	07 h	08 h				
Mardi	07 h	09 h				
Mercredi	07 h	00 h				1er janvier, chômé
Jeudi	07 h	07 h				
Vendredi	07 h	07 h				
Total	35 h	**31 h**				

1. HS : Heures supplémentaires.

Semaine 02 – du 06/01 au 12/01/N

Jour	Heures théoriques de travail	Heures de travail effectif	Heures normales prises en compte	HS[1] à 25 %	HS[1] à 50 %	Raison
Lundi	07 h	09 h				
Mardi	07 h	09 h				
Mercredi	07 h	09 h				
Jeudi	07 h	09 h				
Vendredi	07 h	08 h				
Total	35 h	**44 h**				

1. HS : Heures supplémentaires.

Semaine 03 – du 13/01 au 19/01/N

Jour	Heures théoriques de travail	Heures de travail effectif	Heures normales prises en compte	HS[1] à 25 %	HS[1] à 50 %	Raison
Lundi	07 h	08 h				
Mardi	07 h	08 h				
Mercredi	07 h	08 h				
Jeudi	07 h	08 h				
Vendredi	07 h	08 h				
Total	35 h	**40 h**				

1. HS : Heures supplémentaires.

Semaine 04 – du 20/01 au 26/01/N

Jour	Heures théoriques de travail	Heures de travail effectif	Heures normales prises en compte	HS[1] à 25 %	HS[1] à 50 %	Raison
Lundi	07 h	00 h				Maladie
Mardi	07 h	00 h				Maladie
Mercredi	07 h	00 h				Maladie
Jeudi	07 h	07 h				
Vendredi	07 h	07 h				
Total	35 h	**14 h**				

1. HS : Heures supplémentaires.

Semaine 05 – du 27/01 au 02/02/N

Jour	Heures théoriques de travail	Heures de travail effectif	Heures normales prises en compte	HS[1] à 25 %	HS[1] à 50 %	Raison
Lundi	07 h	07 h				
Mardi	07 h	07 h				
Mercredi	07 h	07 h				
Jeudi	07 h	07 h				
Vendredi	07 h	00 h				Événement familial[2]
Total	35 h	**35 h**				

1. HS : Heures supplémentaires.
2. Les absences pour événements familiaux (mariage du salarié, naissance d'un enfant pour le père, mariage de l'enfant du salarié, décès du conjoint, décès des parents et des beaux-parents, décès de l'enfant du salarié) sont expressément assimilées à du travail effectif pour la détermination des heures supplémentaires.

Annexe 2 – Rémunération des heures supplémentaires de Mme Marinon (janvier N)

Salariée : Mme Marinon		
	Calculs	**Montants**
Heures supplémentaires à 25 % (de la 36e à la 43e heure incluse)		
Heures supplémentaires à 50 % (à partir de la 44e heure)		
	Total	

CORRIGÉ

1) Relevés d'heures (annexe 1) concernant Mme Marinon complétés pour le mois de janvier N.

Semaine 01 – du 30/12/N – 1 au 05/01/N

Jour	Heures théoriques de travail	Heures de travail effectif	Heures normales prises en compte	HS[1] à 25 %	HS[1] à 50 %	Raison
Lundi	07 h	08 h	07 h	01 h		
Mardi	07 h	09 h	07 h	02 h		
Mercredi	07 h	00 h	07 h			1er janvier, chômé
Jeudi	07 h	07 h	07 h			
Vendredi	07 h	07 h	07 h			
Total	35 h	**31 h**	35 h	03 h		

1. HS : Heures supplémentaires.

Semaine 02 – du 06/01 au 12/01/N

Jour	Heures théoriques de travail	Heures de travail effectif	Heures normales prises en compte	HS[1] à 25 %	HS[1] à 50 %	Raison
Lundi	07 h	09 h	07 h	02 h		
Mardi	07 h	09 h	07 h	02 h		
Mercredi	07 h	09 h	07 h	02 h		
Jeudi	07 h	09 h	07 h	02 h		
Vendredi	07 h	08 h	07 h		01 h	
Total	35 h	**44 h**	35 h	08 h	01 h	

1. HS : Heures supplémentaires.

Semaine 03 – du 13/01 au 19/01/N

Jour	Heures théoriques de travail	Heures de travail effectif	Heures normales prises en compte	HS[1] à 25 %	HS[1] à 50 %	Raison
Lundi	07 h	08 h	07 h	01 h		
Mardi	07 h	08 h	07 h	01 h		
Mercredi	07 h	08 h	07 h	01 h		
Jeudi	07 h	08 h	07 h	01 h		
Vendredi	07 h	08 h	07 h	01 h		
Total	35 h	**40 h**	35 h	05 h		

1. HS : Heures supplémentaires.

Semaine 04 – du 20/01 au 26/01/N

Jour	Heures théoriques de travail	Heures de travail effectif	Heures normales prises en compte	HS[1] à 25 %	HS[1] à 50 %	Raison
Lundi	07 h	00 h	00 h			Maladie
Mardi	07 h	00 h	00 h			Maladie
Mercredi	07 h	00 h	00 h			Maladie
Jeudi	07 h	07 h	07 h			
Vendredi	07 h	07 h	07 h			
Total	35 h	**14 h**	14 h			

1. HS : Heures supplémentaires.

Semaine 05 – du 27/01 au 02/02/N

Jour	Heures théoriques de travail	Heures de travail effectif	Heures normales prises en compte	HS[1] à 25 %	HS[1] à 50 %	Raison
Lundi	07 h	07 h	07 h			
Mardi	07 h	07 h	07 h			
Mercredi	07 h	07 h	07 h			
Jeudi	07 h	07 h	07 h			
Vendredi	07 h	00 h	07 h			Événement familial[2]
Total	35 h	**35 h**	35 h			

1. HS : Heures supplémentaires.
2. Les absences pour événements familiaux (mariage du salarié, naissance d'un enfant pour le père, mariage de l'enfant du salarié, décès du conjoint, décès des parents et des beaux-parents, décès de l'enfant du salarié) sont expressément assimilés à du travail effectif pour la détermination des heures supplémentaires.

Mme Marinon a donc effectué en janvier N, 16 heures supplémentaires à 25 % (à savoir 3 + 8 + 5 + 0 + 0) et une heure supplémentaire à 50 %.

2) Calcul de la rémunération horaire normale de Mme Marinon.

Rémunération horaire normale = salaire brut mensuel / nombre d'heures.

Rémunération horaire normale = 1 971,71 € / 151,67 h.

Rémunération horaire normale = 13 € par heure.

3) Calcul, à l'aide de l'annexe 2, de la rémunération des heures supplémentaires de Mme Marinon pour le mois de janvier N.

Annexe 2 – Rémunération des heures supplémentaires de Mme Marinon (janvier N)

Salariée : Mme Marinon		
	Calculs	**Montants**
Heures supplémentaires à 25 % (de la 36e à la 43e heure incluse)	16 heures × (13 € × 125 %)	260,00 €
Heures supplémentaires à 50 % (à partir de la 44e heure)	01 heure × (13 € × 150 %)	19,50 €
	Total	279,50 €

APPLICATION 2 : LA MODULATION DU TEMPS DE TRAVAIL

Mr Faust est salarié dans une entreprise dont la durée légale hebdomadaire est de 35 heures sur 5 jours (à raison de 7 heures théoriquement par jour).

Dans cette entreprise, la modulation du temps de travail a été mise en place selon les règles suivantes :

- Il existe trois plages mobiles : le matin entre 8 h et 9 h, le midi entre 12 h et 14 h (temps de repas minimum d'une heure) et le soir entre 17 h et 18 h.
- Le mois comporte 20 jours ouvrés.
- Tout retard sur une plage horaire fixe entraîne la perte d'une heure.
- Le départ dans une plage fixe est écrêté.
- Dès qu'un crédit d'heures de 7 heures est ouvert, le salarié a le droit de prendre une journée de récupération.

Travail à faire :

À l'aide de l'annexe 1 et sachant que Mr Faust possède un crédit de 3 heures au titre du mois de janvier N, quel sera son crédit d'heures à la fin du mois de février N ?

Annexe 1 – Relevé d'heures de Mr Faust (février N)

Jour	Heure d'arrivée	Pause déjeuner		Heure de départ	Heures réalisées	
		Début	Fin		matin	Après midi
01	9 h 00	12 h 24	13 h 30	17 h 40		
02	7 h 50	12 h 20	13 h 30	17 h 30		
03	8 h 15	12 h 10	13 h 30	17 h 25		
04	8 h 30	13 h 15	14 h 15	18 h 15		
05	9 h 15	13 h 00	14 h 00	17 h 45		
06	7 h 45	12 h 25	13 h 30	17 h 30		
07	7 h 51	12 h 45	14 h 00	17 h 00		
08	8 h 16	12 h 05	13 h 30	17 h 50		
09	7 h 58	12 h 30	13 h 30	17 h 45		
10	8 h 05	12 h 45	14 h 00	17 h 35		
11	8 h 05	13 h 00	14 h 00	18 h 25		
12	8 h 55	12 h 01	13 h 15	17 h 45		
13	8 h 00	12 h 24	13 h 30	17 h 15		
14	7 h 45	12 h 15	13 h 30	18 h 15		
15	9 h 00	12 h 20	13 h 30	17 h 45		
16	8 h 30	12 h 30	13 h 30	17 h 30		
17	8 h 30	13 h 00	14 h 00	17 h 00		
18	9 h 00	12 h 25	14 h 00	16 h 05		
19	7 h 50	12 h 45	13 h 00	17 h 30		
20	8 h 20	12 h 05	13 h 30	16 h 30		
				Total		

CORRIGÉ

Crédit d'heures à la fin du mois de février N de Mr Faust, sachant qu'il possède un crédit de 3 heures au titre du mois de janvier N.

Annexe 1 – Relevé d'heures de Mr Faust (février N)

Jour	Heure d'arrivée	Pause déjeuner		Heure de départ	Heures réalisées	
		Début	Fin		matin	Après midi
01	9 h 00	12 h 24	13 h 30	17 h 40	3 h 24 (= 12 h 24 – 9 h)	4 h 10 (= 17 h 40 – 13 h 30)
02	7 h 50	12 h 20	13 h 30	17 h 30	4 h 30	4 h 00
03	8 h 15	12 h 10	13 h 30	17 h 25	3 h 55	3 h 55
04	8 h 30	13 h 15	14 h 15	18 h 15	4 h 45	3 h 00
05	**9 h 15**	13 h 00	14 h 00	17 h 45	**2 h 45** (3 h 45 – 1 h de **retard**)	3 h 45
06	7 h 45	12 h 25	13 h 30	17 h 30	4 h 40	4 h 00
07	7 h 51	12 h 45	14 h 00	17 h 00	4 h 54	3 h 00
08	8 h 16	12 h 05	13 h 30	17 h 50	3 h 49	4 h 20
09	7 h 58	12 h 30	13 h 30	17 h 45	4 h 32	4 h 15
10	8 h 05	12 h 45	14 h 00	17 h 35	4 h 40	3 h 35
11	8 h 05	13 h 00	14 h 00	18 h 25	4 h 55	4 h 25
12	8 h 55	12 h 01	13 h 15	17 h 45	3 h 06	4 h 30
13	8 h 00	12 h 24	13 h 30	17 h 15	4 h 24	3 h 45
14	7 h 45	12 h 15	13 h 30	18 h 15	4 h 30	4 h 45
15	9 h 00	12 h 20	13 h 30	17 h 45	3 h 20	4 h 15
16	8 h 30	12 h 30	13 h 30	17 h 30	4 h 00	4 h 00
17	8 h 30	13 h 00	14 h 00	17 h 00	4 h 30	3 h 00
18	9 h 00	12 h 25	14 h 00	**16 h 05**	3 h 25	0 h 00 **(départ hors plages autorisées)**
19	7 h 50	12 h 45	13 h 45	17 h 30	4 h 55	3 h 45
20	8 h 20	12 h 05	13 h 30	**16 h 30**	3 h 45	0 h 00 **(départ hors plages autorisées)**
				Total	82 h 44 mn	70 h 25 mn

Heures normales = 20 jours × 7 heures par jour = 140 h.

Heures travaillées = 153 h 09 mn (= somme des heures réalisées les matins et les après-midis).

Crédit d'heures de février N

Crédit d'heures (février N)	=	**heures travaillées (février N)**	-	**heures normales (février N)**
Crédit d'heures (février N)	=	153 h 09	-	140 h
Crédit d'heures (février N)	=	**13 h 09**		

Crédit d'heures à la fin du mois de février N

Crédit d'heures (fin février N)	=	**crédit d'heures (janvier N)**	+	**crédit d'heures (février N)**
Crédit d'heures (fin février N)	=	3 h	+	13 h 09
Crédit d'heures (fin février N)	=	**16 h 09**		

Mr Faust a cumulé un crédit d'heures de 16 heures et 09 minutes à la fin du mois de février N.

APPLICATION 3 : LE TEMPS PARTIEL ET LES HEURES COMPLÉMENTAIRES

Mr Fajal, étudiant âgé de 23 ans, est employé à temps partiel par l'entreprise « Réussit'exams » afin de donner des cours de soutien. Son contrat prévoit une durée de travail hebdomadaire de 6 heures. Sa rémunération horaire brute est de 12 €.

Un accord collectif prévoit que les heures complémentaires peuvent être effectuées à raison d'un tiers de l'horaire prévu au contrat. À la veille des examens du baccalauréat, l'employeur a modifié la répartition et le volume de la durée du travail de l'étudiant.

Travail à faire :

1) Compléter le relevé d'heures du mois de mai N (annexe 1) concernant l'étudiant.

2) Calculer, à l'aide de l'annexe 2, la rémunération des heures complémentaires pour la période concernée.

Annexe 1 – Relevé d'heures pour le mois de mai N

Salarié : Mr Fajal				
Semaines du mois de mai	**Heures travaillées**	**Heures normales prises en compte**	**HC[1] à 10 %**	**HC[1] à 25 %**
Du 01/05/N au 05/05/N	07 h			
Du 08/05/N au 12/05/N	08 h			
Du 15/05/N au 19/05/N	08 h			
Du 22/05/N au 26/05/N	07 h			
Du 29/05/N au 02/06/N	06 h			
Total				

1. Heures complémentaires.

Annexe 2 – Rémunération des heures complémentaires pour le mois de mai N

Salarié : Mr Fajal		
	Calculs	**Montants**
Heures complémentaires à 10 %		
Heures complémentaires à 25 %		
	Total	

CORRIGÉ

1) Relevé d'heures (annexe 1) complété.

Annexe 1 – Relevé d'heures pour le mois de mai N

Salarié : Mr Fajal				
Semaines du mois de mai	**Heures travaillées**	**Heures normales prises en compte**	**HC[1] à 10 %**	**HC[1] à 25 %**
Du 01/05/N au 05/05/N	07 h	06 h	01 h	
Du 08/05/N au 12/05/N	08 h	06 h	02 h	
Du 15/05/N au 19/05/N	08 h	06 h	02 h	
Du 22/05/N au 26/05/N	07 h	06 h	01 h	
Du 29/05/N au 02/06/N	06 h	06 h		
Total	36 h	30 h	06 h	

1. Heures complémentaires.

On remarque que Mr Fajal a effectué 6 heures complémentaires, conformément à l'accord collectif prévu au contrat.

2) Calcul de la rémunération des heures complémentaires pour la période concernée.

Annexe 2 – Rémunération des heures complémentaires pour le mois de mai N

Salarié : Mr Fajal		
	Calculs	**Montants**
Heures complémentaires à 10 %	06 heures × (12 € × 110 %)	79,20 €
Heures complémentaires à 25 %		
	Total	79,20 €

Fiche 3
La rémunération et ses éléments

Définition

La **rémunération** est la relation liant un employeur à son salarié en contrepartie de l'exécution d'un travail par celui-ci.

Objectif

La rémunération correspond à des enjeux économiques où deux questions se posent :
Que faut-il payer ? le poste, la personne, les performances ?
Comment payer ? Salaire, primes… ?

I. Les éléments de la rémunération

De nos jours, il existe dans la rémunération un MIX c'est-à-dire une combinaison de variables monétaires (salaire de base, heures supplémentaires, primes…) et de variables non monétaires (avantages en nature).

Schéma « Les éléments de la rémunération »

Salaire brut	=	**Salaire de base**	Salaire fixé dans le contrat de travail.
		+	
		Éléments variables	Heures supplémentaires. + Primes (d'ancienneté, de rendement, pour travaux pénibles...). + Avantages en nature (logement, voiture, chauffage, nourriture...). + Indemnités.

II. Les primes

Les primes (ou « gratifications ») ont pour but de majorer la rémunération de base et peuvent être individuelles ou collectives.

Les primes obligatoires résultent d'un accord d'entreprise, d'une convention collective, d'un usage ou du contrat de travail. Sauf quand elles émanent du contrat de travail, elles sont applicables à tous mais les salariés bénéficiaires peuvent ne pas toucher un montant identique.

Les primes « bénévoles » ne sont pas prévues par un texte de loi ni un usage. Leur versement dépend du bon vouloir de l'employeur.

A. La prime d'ancienneté ou de fidélité

Son mode de calcul résulte de la convention collective applicable dans l'entreprise. Elle se calcule à l'aide d'un pourcentage progressif par tranche d'ancienneté, appliqué soit sur le salaire de base soit sur un salaire minimum.

B. La prime d'assiduité

Elle permet de favoriser l'assiduité des salariés. Cette prime est généralement mensuelle mais peut être aussi trimestrielle.

C. La prime de sujétion

Elle est attribuée aux salariés soumis à des contraintes particulières liées aux conditions de travail (exemples : travail dans le froid pour les métiers de la viande, travail à la chaleur dans certains métiers de la métallurgie, prise de risque, port d'une tenue obligatoire, etc.). L'attribution de la prime cesse dès la disparition de la contrainte.

D. La prime de résultat

Elle est attribuée à tout ou partie des salariés en fonction de leurs résultats personnels, de l'unité de production, des ventes. Elle est souvent versée en fin d'année.

E. Les primes de fin d'année et de 13e mois

Elle couvre une période de référence annuelle et son mode de calcul prévoit (selon les accords) le paiement d'une somme librement fixée par l'employeur.

Le treizième mois est payé en général en fin d'année. Son mode de calcul est soit proportionnel au temps de présence du salarié dans l'entreprise au cours de l'année de référence, soit conditionné à la présence du salarié dans l'entreprise à une date précise.

Exemple

Un salarié, payé 1 800 € brut par mois, bénéficie en juin N d'une prime de résultat d'un montant de 120 €. Les cotisations sociales salariales correspondent à 20 % du salaire brut.

Éléments	Calculs	Montants
Salaire de base		1 800,00
+ Prime de résultat		+120,00
	= Salaire brut (juin N)	**1 920,00**
– Cotisations sociales	384,00 = 1920 × 20 %	-384,00
	= Salaire net imposable (juin N)	**1 536,00**
	= Salaire net à payer (juin N)	**1 536,00**

III. Les avantages en nature

L'avantage en nature consiste en la fourniture ou la mise à disposition d'un bien ou service permettant au salarié de faire l'économie de frais qu'il aurait dû normalement supporter.

Selon le code du travail (art L3241-1), le salaire doit être en principe payé en argent, mais il est admis que le salarié puisse être rémunéré en nature. Cette rémunération peut couvrir l'intégralité de l'activité du salarié, mais en général elle a le caractère d'accessoire du salaire.

Les avantages en nature constituent donc un élément de la rémunération qui, au même titre que le salaire proprement dit, sont soumis à cotisations sociales et imposition sur les revenus.

A. L'avantage nourriture

Lorsque l'employeur fournit la nourriture, quel que soit le montant de la rémunération du salarié, cet avantage est évalué forfaitairement à 4,80 € pour un repas et à 9,60 € pour deux repas.

Ce montant forfaitaire constitue une évaluation minimale quel que soit le montant réel de l'avantage en nature nourriture fourni et quel que soit le montant de la rémunération du travailleur salarié ou assimilé.

L'évaluation forfaitaire ne peut cependant être retenue pour certains dirigeants de sociétés (gérants minoritaires de SARL et de SELARL, présidents et directeurs généraux de SA, présidents et dirigeants de sociétés par actions simplifiées) pour lesquels il convient de se référer à la valeur réelle de l'avantage en nature.

B. L'avantage logement

Lorsque l'employeur fournit le logement à son salarié, cet avantage est fixé sur la base d'une évaluation forfaitaire mensuelle selon un barème intégrant les avantages accessoires (eau, gaz, électricité, chauffage, garage).

Rémunération brute mensuelle	Avantage en nature pour une pièce	Si plusieurs pièces, avantage en nature par pièce principale
Inférieure à 1 655,50 €	69,20 €	37,00 €
De 1 655,50 à 1 986,59 €	80,80 €	51,90 €
De 1 986,59 à 2 317,69 €	92,20 €	69,20 €
De 2 317,69 à 2 979,89 €	103,60 €	86,40 €
De 2 979,89 à 3 642,09 €	126,90 €	109,50 €
De 3 642,09 à 4 304,29 €	149,40 €	132,40 €
De 4 304,29 à 4 966,49 €	172,90 €	161,30 €
À partir de 4 966,49 €	195,90 €	184,40 €

Sur option, l'employeur peut également estimer l'avantage d'après la valeur locative servant à l'établissement de la taxe d'habitation ou à défaut, d'après la valeur locative réelle. Les avantages accessoires sont évalués d'après leur valeur réelle.

Exemple

Un salarié bénéficie d'avantages en nature pour un logement de quatre pièces. Son salaire de base brut mensuel est de 1 800 € et les cotisations sociales salariales correspondent à 20 % du salaire brut.

Éléments	Calculs	Montants
Salaire de base		1 800,00
+ Avantage logement	Rémunération brute mensuelle = 1 800 €. D'où avantage logement 4 pièces (selon le barème) : 207,60 € = 51,90 € par pièce × 4.	+207,60
	= **Salaire brut**	**2 007,60**
– Cotisations sociales	401,52 = 2 007,60 € × 20 %.	-401,52
	= **Salaire net imposable**	**1 606,08**
– Avantage logement		-207,60
	= **Salaire net à payer**	**1 398,48**

On peut dire que le salarié perçoit « en moins » 207,60 € en contrepartie de l'avantage en nature qu'il aurait dû financer s'il n'existait pas.

C. L'avantage véhicule

L'utilisation privée d'un véhicule mis à disposition du salarié de façon permanente constitue un avantage en nature.

L'employeur peut opter pour l'un des deux modes d'évaluation : le forfait annuel ou les dépenses réelles.

	Évaluation au forfait ou au réel de l'avantage en nature pour un véhicule acheté	
	5 ans et moins	**Plus de 5 ans**
Forfait annuel		
L'employeur ne prend pas en charge le carburant	9 % du coût d'achat (prix TTC réglé par l'entreprise).	6 % du coût d'achat (prix TTC réglé par l'entreprise).
L'employeur prend en charge le carburant	9 % du coût d'achat (prix TTC réglé par l'entreprise) plus les frais réels (sur factures) de carburant utilisé à des fins personnelles. Ou 12 % du coût d'achat (prix TTC réglé par l'entreprise).	6 % du coût d'achat (prix TTC réglé par l'entreprise) plus les frais réels (sur factures) de carburant utilisé à des fins personnelles. Ou 9 % du coût d'achat (prix TTC réglé par l'entreprise).

<table>
<tr><th rowspan="2"></th><th colspan="2">Évaluation au forfait ou au réel de l'avantage en nature pour un véhicule acheté</th></tr>
<tr><th>5 ans et moins</th><th>Plus de 5 ans</th></tr>
<tr><td colspan="3">Dépenses réelles (évaluation annuelle)</td></tr>
<tr><td rowspan="2">L'employeur ne prend pas en charge le carburant</td><td>- 20 % du coût d'achat (prix TTC réglé par l'entreprise),
- l'assurance,
- les frais d'entretien.</td><td>- 10 % du coût d'achat (prix TTC réglé par l'entreprise),
- l'assurance,
- les frais d'entretien.</td></tr>
<tr><td colspan="2">Pour évaluer l'avantage en nature
= Résultat obtenu en additionnant les trois valeurs listées ci-dessus, multiplié par
$\frac{\text{nombre de km parcourus à titre privé}}{\text{Total de km parcourus par le véhicule pour la même période}}$</td></tr>
<tr><td>L'employeur prend en charge le carburant</td><td>- ajouter, le cas échéant, les frais réels de carburant utilisé pour un usage personnel.</td><td>- ajouter, le cas échéant les frais réels de carburant utilisé pour un usage personnel.</td></tr>
</table>

Exemple

Un salarié utilise, à titres professionnel et personnel, le véhicule neuf (d'une valeur TTC de 30 000 €) de la société dans laquelle il travaille. L'employeur paie l'assurance (1 000 € par an) et les frais d'entretien (1 500 € par an). Par contre, le salarié paie le carburant et son salaire mensuel de base est de 3 000 € brut, les cotisations sociales salariales sont de 20 %.

Le montant de l'avantage en nature est calculé de la façon suivante.

Avantage véhicule	Calculs	Montant annuel de l'avantage
Véhicule neuf	30 000 TTC × 20 %	6 000 €
+ Coût annuel de l'assurance		1 000 €
+ Frais annuels d'entretien		1 500 €
	Total annuel	**8 500** €

Le total annuel de l'avantage en nature est à imputer mensuellement sur la paie du salarié à raison d'un douzième soit 708,33 € (= 8 500 € / 12 mois).

Le bulletin de paie mensuel devra donc tenir compte du montant mensuel des avantages en nature.

Éléments	Calculs	Montants
Salaire de base		3000, 00
+ Avantage véhicule		**+708,33**
	= **Salaire brut**	**3 708,33**
- Cotisations sociales	741,67 = 3 708,33 × 20 %.	–741,67
	= **Salaire net imposable**	**2 966,66**
- Avantage véhicule		**–708,33**
	= **Salaire net à payer**	**2 258,33**

On peut dire que le salarié perçoit « en moins » 708,33 € en contrepartie de l'avantage en nature qu'il aurait dû financer s'il n'existait pas.

D. L'avantage issu des nouvelles technologies de l'information et de la communication

L'estimation de cet avantage se fait sur option de l'employeur :

- Soit sur la base des dépenses réellement engagées.
- Soit sur la base d'un forfait annuel estimé à 10 % du coût d'achat ou le cas échéant de l'abonnement TTC.

E. Les autres avantages en nature

Les autres avantages en nature sont des biens produits par l'entreprise et cédés gratuitement ou à un prix dérisoire aux salariés. Ces avantages sont toujours estimés en fonction de leur coût réel.

IV. Les remboursements de frais professionnels ou « indemnités »

Les frais professionnels correspondent aux dépenses inhérentes à la fonction ou à l'emploi que le salarié est amené à supporter.

L'employeur a le choix entre 3 modalités d'indemnisation des frais professionnels :

- le remboursement des frais réellement engagés (sur justificatifs),
- l'application d'une déduction forfaitaire spécifique sur le salaire soumis à cotisations ; cette possibilité n'étant ouverte qu'à certaines professions,
- le versement d'une allocation forfaitaire.

L'indemnisation des frais professionnels (dépenses réelles ou allocations forfaitaires) est exclue de l'assiette des cotisations sous réserve de leur utilisation conforme à leur objet.

Les montants mentionnés en euros sont revalorisés au 1er janvier de chaque année (conformément au taux prévisionnel d'évolution en moyenne annuelle des prix à la consommation de tous les ménages, hors prix du tabac qui est prévu pour l'année civile considérée).

Pour les gérants minoritaires et égalitaires de SARL, les présidents-directeurs et directeurs généraux de SA et les présidents et dirigeants des SAS, seuls les remboursements de frais réels sont exonérés dans la mesure où ils sont justifiés.

A. Les frais professionnels

Nature de l'indemnité de frais professionnels	Limites d'exonération en €
Indemnité de restauration sur le lieu de travail	
Salarié contraint de prendre une restauration sur son lieu de travail effectif en raison de conditions particulières d'organisation ou d'horaires de travail (exemples : travail en équipe, travail posté, travail continu, travail de nuit, travail en horaire décalé).	6,50 €
Frais de repas engagés par les salariés en situation de déplacement	
Salarié contraint de prendre son repas au restaurant.	18,60 €
Salarié non contraint de prendre son repas au restaurant (indemnité de collation hors des locaux de l'entreprise ou sur chantier).	9,10 €
Par repas	
Pour les trois premiers mois.	18,60 €
Au-delà du 3e mois et jusqu'au 24e mois.	15,80 €
Au-delà du 24e mois et jusqu'au 72e mois.	13,00 €
Pour les dépenses supplémentaires de logement et de petit-déjeuner à Paris, dans les départements des Hauts-de-Seine, de la Seine-St-Denis et du Val-de-Marne	
Pour les trois premiers mois.	66,50 €
Au-delà du 3e mois et jusqu'au 24e mois.	56,50 €
Au-delà du 24e mois et jusqu'au 72e mois.	46,60 €
Autres départements de la métropole	
Pour les trois premiers mois.	49,40 €
Au-delà du 3e mois et jusqu'au 24e mois.	42,00 €
Au-delà du 24e mois et jusqu'au 72e mois.	34,60 €

B. Les frais liés à la mobilité professionnelle

Les frais engagés par le salarié dans le cadre d'une mobilité professionnelle sont considérés comme des charges de caractère spécial inhérentes à l'emploi.

L'employeur est autorisé à déduire de l'assiette des cotisations sociales les indemnités suivantes sous réserve de respecter certaines conditions réglementaires.

Frais liés à la mobilité professionnelle	
Nature de l'indemnité	**Limite du forfait en €**
Indemnité journalière destinée à compenser les dépenses d'hébergement provisoire et les frais supplémentaires de nourriture dans l'attente d'un logement définitif pour une durée ne pouvant excéder 9 mois.	73,90 €
Indemnité destinée à compenser les dépenses inhérentes à l'installation dans le nouveau logement.	1 480,90 €
Le montant de cette indemnité forfaitaire est majoré de (par enfant à charge dans la limite de trois enfants)... ... qui ne peut excéder	123,40 € 1 851,00 €
Frais de déménagement.	Dépenses réelles
Mobilité internationale.	Dépenses réelles
Mobilité de la métropole vers les territoires français situés Outre-mer et inversement, ou de l'un de ces territoires vers un autre.	Dépenses réelles

V. Les remboursements de frais non professionnels

A. Les titres restaurant

La partie de la contribution patronale exonérée de charges sociales (et fiscales), à condition qu'elle soit comprise entre 50 % et 60 % de la valeur libératoire des titres, est au maximum de 5,43 € par titre restaurant.

Exemple

Un salarié est payé 2 200 € brut par mois. Il reçoit de son entreprise des titres restaurant de 10 € (participation patronale de 6 €). Les cotisations sociales salariales correspondent à 20 % du salaire brut. Le mois d'avril N comporte 22 jours ouvrés.

Éléments	Calculs	Montants
Salaire de base		**2 200,00**
+ Avantage titres restaurant	Exonération de cotisations sociales et fiscales dans la limite du forfait employeur de 5,43 €. D'où à inclure dans la rémunération brute mensuelle pour assiette cotisations sociales et fiscales : 12,54 € = (6 € – 5,43 €) × 22 jours ouvrés.	+12,54
	= **Salaire brut (avril N)**	**2 212,54**
– Cotisations sociales	442,51 = 2 212,54 × 20 %.	–442,51
	= **Salaire net imposable (avril N)**	**1 770,03**
– Avantage titres restaurant		–12,54
– Retenues titres restaurant	88 € = (10 € valeur titre – 6 € participation employeur) × 22 jours ouvrés = 4 € × 22 jours ouvrés.	–88,00
	= **Salaire net à payer (avril N)**	**1 669,49**

B. Les frais de transport

L'employeur prend en charge une partie des frais de transport engagés par les salariés au titre des trajets réalisés entre leur domicile et leur lieu de travail.

La prise en charge obligatoire des frais de transports collectifs ou d'abonnement à un service public de location de vélos

Tous les employeurs, quelle que soit la localisation de l'entreprise, doivent obligatoirement prendre en charge une partie du prix des titres d'abonnements souscrits par les salariés pour leurs déplacements entre leur résidence habituelle et leur lieu de travail accomplis au moyen de transports publics de personnes ou de services publics de location de vélos.

La prise en charge obligatoire de l'employeur est fixée à 50 % du coût de l'abonnement sur la base des tarifs de 2e classe.

La participation de l'employeur, y compris la part facultative au-delà du seuil de 50 % est exonérée de charges sociales dans la limite des frais réellement engagés.

La prise en charge des frais des salariés à temps partiel est identique à celle des salariés à temps complet, lorsque l'horaire de travail du salarié est au moins égal à la moitié de la durée légale hebdomadaire ou conventionnelle de travail.

Lorsque le salarié est employé pour un nombre d'heures inférieur à la moitié de la durée à temps complet, la prise en charge est calculée en proportion du nombre d'heures travaillées par rapport à la moitié de la durée du travail à temps complet.

Pour bénéficier de l'exonération sociale, la copie de l'abonnement souscrit par le salarié aux transports en commun ou aux services publics de location de vélos doit être fournie par le salarié à l'employeur.

La prise en charge facultative des frais de transports personnels

L'employeur peut prendre en charge, tout ou partie des frais de carburant engagés pour les déplacements des salariés entre leur résidence habituelle et leur lieu de travail.

Sont concernés, tous les salariés :

- Dont la résidence habituelle ou le lieu de travail est situé en dehors de la région d'Ile-de-France et d'un périmètre de transports urbains.
- Ou pour lesquels l'utilisation d'un véhicule personnel est rendue indispensable par des conditions d'horaires de travail particuliers ne permettant pas d'emprunter un mode collectif de transport.

Dans les mêmes conditions, l'employeur peut prendre en charge les frais exposés pour l'alimentation de véhicules électriques.

La prise en charge par l'employeur des frais de carburant ou des frais d'alimentation de véhicules électriques engagés par les salariés est exonérée de cotisations et contributions sociales dans la limite de 200 € par an et par salarié. Cette prise en charge ne peut être cumulée avec la prise en charge du coût des titres d'abonnement aux transports collectifs.

La prise en charge des frais des salariés à temps partiel est identique à celle des salariés à temps complet, lorsque l'horaire de travail du salarié est au moins égal à la moitié de la durée légale hebdomadaire ou conventionnelle de travail. Lorsque le salarié est employé pour un nombre d'heures inférieur à la moitié de la durée à temps complet, la prise en charge est calculée en proportion du nombre d'heures travaillées par rapport à la moitié de la durée du travail à temps complet.

Pour bénéficier de l'exonération sociale, l'employeur doit présenter la photocopie de la carte grise du véhicule du salarié.

Le remboursement des indemnités kilométriques prévues par le barème fiscal

Lorsque le salarié est contraint d'utiliser son véhicule personnel à des fins professionnelles, l'employeur peut l'indemniser par le versement d'allocations forfaitaires.

Ces allocations peuvent être exonérées de cotisations sociales dans la limite des montants fixés par le barème fiscal des indemnités kilométriques.

Le salarié doit attester ne transporter aucune autre personne de la même entreprise bénéficiant des mêmes indemnités.

Les indemnités kilométriques sont réputées utilisées conformément à leur objet dans la limite du barème ci-après. Au-delà du barème, l'employeur doit justifier de l'utilisation effective des indemnités conformément à leur objet. À défaut, la fraction excédentaire est assujettie à l'ensemble des charges sociales.

Le remboursement des indemnités kilométriques pour une voiture (selon le barème au 01/01/2017)

Barème applicable			
Puissance fiscale	Kilométrage parcouru à titre professionnel		
	Jusqu'à 5000 Km	De 5001 à 20000 Km	Au-delà de 20000 Km
3 cv et moins	d × 0,410	(d × 0,245) + 824	d × 0,286
4 cv	d × 0,493	(d × 0,277) + 1082	d × 0,332
5 cv	d × 0,543	(d × 0,305) + 1188	d × 0,364
6 cv	d × 0,568	(d × 0,320) + 1244	d × 0,382
7 cv et plus	d × 0,595	(d × 0,337) + 1288	d × 0,401

d = distance parcourue à titre professionnel en km.

Le remboursement des indemnités kilométriques pour un deux roues de cylindrée inférieure à 50 cm^3

Barème applicable		
Kilométrage parcouru à titre professionnel		
Jusqu'à 2000 Km	De 2001 à 5000 km	Au-delà de 5000 km
d × 0,269	(d × 0,063) + 412	d × 0,146

d = distance parcourue à titre professionnel en km.

Le remboursement des indemnités kilométriques pour une moto

Barème applicable			
Puissance fiscale	Kilométrage parcouru à titre professionnel		
	Jusqu'à 3000 Km	De 3001 à 6000 Km	Au-delà de 6000 Km
De 1 à 2 cv	d × 0,338	(d × 0,084) + 760	d × 0,211
De 3 à 5 cv	d × 0,400	(d × 0,070) + 989	d × 0,235
Plus de 5 cv	d × 0,518	(d × 0,067) + 1351	d × 0,292

d = distance parcourue à titre professionnel en km.

Remarque : ces tableaux peuvent évoluer. Les nouveaux barèmes sont connus chaque année au moment des déclarations fiscales (avril/mai N).

Les conditions d'exonérations des indemnités de transport domicile – lieu de travail

Le salarié doit être contraint d'utiliser son véhicule personnel soit parce que le trajet domicile lieu de travail n'est pas desservi par les transports en commun soit parce que les horaires de travail particuliers du salarié ne lui permettent pas d'utiliser les transports en commun.

L'exonération des indemnités est possible sous réserve de pouvoir justifier :

- Du moyen de transport utilisé par le salarié.
- De la distance séparant le domicile du lieu de travail.
- De la puissance du véhicule.
- Du nombre de trajets effectués chaque mois.

Exemple

Pour 6 000 kilomètres parcourus en un an par un salarié, à titre professionnel avec sa voiture de 5 CV, l'exonération de cotisations est limitée à 3 018 € [= (6 000 × 0,305) + 1 188].

APPLICATION 1 : LES PRIMES, FRAIS PROFESSIONNELS ET AVANTAGES EN NATURE

Un salarié, payé 3 000 € brut par mois, bénéficie d'une prime d'ancienneté de 250 € et d'avantages en nature pour un logement de quatre pièces.

D'autre part, ce salarié s'est déplacé trois mardis à Paris dans le cadre de son activité professionnelle. L'entreprise lui rembourse ces frais forfaitairement à raison de 20 € par repas et 81 € par déplacement.

Les cotisations sociales salariales correspondent à 20 % du salaire brut.

Travail à faire :

À l'aide du tableau ci-dessous, calculer le salaire brut et le salaire net à payer du salarié pour le mois de septembre N (qui comporte 23 jours ouvrés).

Éléments	Calculs	Montants
Salaire de base		
+ Prime d'ancienneté		
+ Remboursement repas soumis à cotisations		
+ Remboursement déplacement soumis à cotisations		
+ Avantage logement soumis à cotisations		
	= **Salaire brut (septembre N)**	
- Cotisations sociales (20 %)		
	= **Salaire net imposable (septembre N)**	
+ Remboursement repas		
+ Remboursement déplacement		
- Avantage logement		
	= **Salaire net à payer (septembre N)**	

CORRIGÉ

Éléments	Calculs	Montants
Salaire de base		3 000,00
+ Prime d'ancienneté		+250,00
+ Remboursement repas soumis à cotisations	Exonération des cotisations sociales et fiscales dans la limite de 18,60 €. D'où à inclure dans la rémunération brute mensuelle pour assiette cotisations sociales et fiscales : 4,20 € = (20 € - 18,60 €) × 3 repas.	+4,20
+ Remboursement déplacement soumis à cotisations	Exonération des cotisations sociales et fiscales dans la limite de 66,50 €. D'où à inclure dans la rémunération brute mensuelle pour assiette cotisations sociales et fiscales : 43,50 € = (81 € - 66,50 €) × 3 déplacements.	+43,50
+ Avantage logement soumis à cotisations	Rémunération brute mensuelle = 3 297, 70 € (= 3 000 + 250 + 4,20 + 43,50). D'où avantage logement 4 pièces (selon le barème) : 438,00 € = 109,50 € par pièce × 4.	+438,00
	= Salaire brut (septembre N)	**3 735,70**
– Cotisations sociales	747,14 = 3 735,70 € × 20 %.	–747,14
	= Salaire net imposable (septembre N)	**2 988,56**
+ Remboursement repas	Montant exonéré 18,60 € par repas. D'où 55,80 € = 18,60 € × 3 repas.	+55,80
+ Remboursement déplacement	Montant exonéré 66,50 € par déplacement. D'où 199,50 = 66,50 € × 3 déplacements.	+199,50
– Avantage logement		–438,00
	= Salaire net à payer (septembre N)	**2 805,86**

On peut dire que le salarié perçoit « en moins » 438,00 € en contrepartie de l'avantage en nature qu'il aurait dû financer s'il n'existait pas.

APPLICATION 2 : LES FRAIS PROFESSIONNELS ET AVANTAGES EN NATURE

Un salarié travaille en île de France et est payé 3 200 € brut par mois. Il reçoit de son entreprise des titres restaurant de 11 € (participation patronale de 6 €) et est logé (dans un type 3). Suite à des déplacements en régions, l'employeur lui a remboursé 5 déplacements (forfait de 26 € par repas et 70 € par déplacement). Les cotisations sociales salariales correspondent à 20 % du salaire brut.

Travail à faire :

À l'aide du tableau ci-dessous, calculer le salaire brut et le salaire net à payer du salarié pour le mois de février N (qui comporte 20 jours ouvrés).

Éléments	Calculs	Montants
Salaire de base		
+ Remboursement repas soumis à cotisations		
+ Remboursement déplacement soumis à cotisations		
+ Avantage titres restaurant soumis à cotisations		
+ Avantage logement soumis à cotisations		
	= **Salaire brut (février N)**	
- Cotisations sociales (20 %)		
	= **Salaire net imposable (février N)**	
+ Remboursement repas		
+ Remboursement déplacement		
- Avantage titres restaurant		
- Avantage logement		
- Retenues titres restaurant		
	= **Salaire net à payer (février N)**	

CORRIGÉ

Éléments	Calculs	Montants
Salaire de base		3 200,00
+ Remboursement repas soumis à cotisations	Exonération des cotisations sociales et fiscales dans la limite de 18,60 €. D'où à inclure dans la rémunération brute mensuelle pour assiette cotisations sociales et fiscales : 37,00 € = (26 € – 18,60 €) × 5 repas.	+37,00
+ Remboursement déplacement soumis à cotisations	Exonération des cotisations sociales et fiscales dans la limite de 49,40 € (autres départements métropole). D'où à inclure dans la rémunération brute mensuelle pour assiette cotisations sociales et fiscales : 103,00 € = (70 € – 49,40 €) × 5 déplacements.	+103,00
+ Avantage titres restaurant soumis à cotisations	Exonéré des cotisations sociales et fiscales dans la limite du forfait employeur de 5,43 €. D'où à inclure dans la rémunération brute mensuelle pour assiette cotisations sociales et fiscales : 8,55 € = (6 € – 5,43 €) × (20 jours ouvrés – 5 déplacements).	+08,55
+ Avantage logement soumis à cotisations	Rémunération brute mensuelle = 3 348,55 € (= 3 200 + 37,00 + 103,00 + 8,55). D'où avantage logement 3 pièces (selon barème) : 328,50 € = 109,50 € par pièce × 3.	+328,50
	= **Salaire brut (février N)**	**3 677,05**
– Cotisations sociales	735,41 = 3 677,05 × 20 %.	–735,41
	= **Salaire net imposable (février N)**	**2 941,64**
+ Remboursement repas	Montant exonéré/repas × nb de repas : 93,00 € = 18,60 € × 5.	+93,00
+ Remboursement déplacement	Montant exonéré/déplacement × nombre de déplacements : 247,00 € = 49,40 € × 5.	+247,00
– Avantage titres restaurant		–08,55
– Avantage logement		–328,50
– Retenues titres restaurant	75 € = (11 € valeur titre – 6 € participation employeur) × (20 jours ouvrés – 5 jours de déplacement) = 5 € × 15 jours.	–75,00
	= **Salaire net à payer (février N)**	**2 869,59**

On peut dire que le salarié perçoit « en moins » 412,05 €[1] en contrepartie des avantages qu'il aurait dû financer s'ils n'existaient pas.

1. 412,05 € = 08,55 € + 328,50 € + 75 €.

Fiche 4
Le bulletin de paie et sa comptabilisation

Définition

La **paye** correspond à une gestion administrative et comptable qui s'appuie sur un système d'informations, spécialisé.

Objectif

La gestion et la comptabilisation de la paye permettent des calculs, des déclarations, des contrôles et une optimisation des charges sociales et fiscales.

I. Le bulletin de salaire et les mentions obligatoires

La tenue d'un bulletin de salaire (ou de paye) par l'employeur est obligatoire. Ce bulletin de salaire ne répond à aucune règle de forme mais il doit cependant contenir un nombre de mentions obligatoires qui sont les suivantes.

L'en-tête du bulletin de salaire, identification des parties

Identification du salarié

Nom, prénom.

Emploi (ou qualification).

Classification (ou niveau hiérarchique).

Adresse et numéro de sécurité sociale du salarié sont des éléments facultatifs.

Identification de l'employeur
Raison sociale et adresse.
Référence de l'organisme de Sécurité sociale.
Code SIREN ou SIRET.
Code APE (ou NAF).
Convention collective de la branche du secteur d'activité applicable (ou accord).

Nombre d'heures
Période de paye.
Nombre d'heures travaillées.
Différentes catégories d'heures de travail (heures supplémentaires majorées à 25 % et 50 %, heures complémentaires majorées à 10 % et 25 %).
Absences et retenues sur salaires.
Congés payés acquis, pris et restant à prendre.

Le corps du bulletin de salaire et les éléments de la rémunération brute

- **Salaire brut** (salaire de base, heures supplémentaires ou complémentaires, primes, avantages en nature).
- **Cotisations sociales** salariales et patronales regroupées par risques (santé, accident du travail, maladie professionnelle, retraite, famille, assurance chômage).
- **Une rubrique intitulée « autres contributions dues par l'employeur »** agrège les contributions dues uniquement par l'employeur (versement transport, contribution au fonds national d'aides au logement (« FNAL »), contribution solidarité autonomie, forfait social, taxe d'apprentissage, contribution patronale au financement des organisations syndicales).
- **Sommes non soumises à cotisations** (remboursement de frais...).

Le pied du bulletin de salaire

- Salaire net payé.
- Total versé par l'employeur et allègement de cotisations patronales.
- Mention sur la conservation sans limitation de durée.

Ce bulletin de paye dit « clarifié » est entré en vigueur pour l'ensemble des entreprises à compter du 01er janvier 2018.

La « Loi travail » de 2016 rend systématique la remise du bulletin de paye sous forme dématérialisée, sur un support électronique. Si un salarié souhaite recevoir et conserver ce bulletin sous forme papier, il devra en faire la demande expresse à son entreprise.

L'employeur doit conserver les bulletins de paye pendant un délai de 5 ans.

Le salarié doit conserver ses bulletins de paye sans limitation de durée.

Le salaire peut être payé par virement, par chèque et même en espèces jusqu'à un montant maximum de 1 500 € par mois.

La date de paiement figure obligatoirement sur le bulletin et engage l'employeur.

Le gouvernement actuel (mai 2017-mai 2022) a retardé d'une année le prélèvement à la source des impôts sur le revenu pour l'appliquer à compter du 1er janvier 2019.

Le calcul sera effectif sur le bulletin de salaire sur une ligne supplémentaire. Celui-ci subira donc une modification au 1er janvier 2019 à la condition que cette nouvelle décision s'applique.

II. Les cotisations sociales et prélèvements fiscaux

Les principaux organismes collecteurs des cotisations sociales (patronales et salariales) sont :

- « L'URSSAF » (Union de Recouvrement des cotisations de Sécurité Sociale et des Allocations Familiales).
- « Pôle emploi » pour l'assurance chômage.
- Les caisses de retraite « ARRCO » (Association des Régimes de Retraite Complémentaire) et « AGIRC » (Association Générale des Institutions de Retraites des Cadres).

Les contributions d'assurance chômage, cotisations « AGS » (Assurance Garantie des salaires), dites aussi « FNGS » (Fonds National de Garantie des Salaires) sont déclarées et payées à l'URSSAF.

Schéma « Le bulletin de salaire et son affectation aux salariés et aux organismes sociaux. »

Coût total du salaire pour l'employeur

=

Salaire brut du salarié.

=

Cotisations sociales salariales retenues (20 % à peu près).

- ➔ Sécurité sociale (« URSSAF »).
- ➔ Assurance chômage (« Pôle emploi »).
- ➔ Retraite complémentaire :
  - Non cadres (« ARRCO »).
  - Cadres (« AGIRC »).
- ➔ Contribution sociale généralisée (« CSG »).
- ➔ Contribution au remboursement de la dette sociale (« CRDS »).

\+

Salaire net payé au salarié (80 % à peu près).

\+

Cotisations sociales patronales à la charge de l'employeur.

- ➔ Sécurité sociale (« URSSAF »).
- ➔ Assurance chômage (« Pôle emploi »).
- ➔ Retraite complémentaire.

A. Les taux de cotisations sociales et prélèvements fiscaux au 01/01/2018 (modifiables au 1er janvier de chaque année)

Cotisations employeur et salarié (cadre et non cadre) versées à l'URSSAF (régime sécurité sociale)

Charges sociales	Régime général cotisations			Assiette mensuelle
	Taux global	Employeur	Salarié	
URSSAF				
CSG :	9,20 %			98,25 % du salaire (brut + primes) dans la limite de 4 fois le plafond sécurité sociale. Au-delà, sur 100 % de la rémunération.
CSG déductible (ou non imposable)			6,80 %	
CSG non déductible (imposable)			2,40 %	
CRDS non déductible (ou imposable)	0,50 %		0,50 %	
Assurance maladie (maladie, maternité, invalidité, décès)[1]	12,89 %	12,89 %	0,00 %	Totalité du salaire.
Assurance vieillesse plafonnée	15,45 %	8,55 %	6,90 %	Dans la limite d'une fois le plafond sécurité sociale.
Assurance vieillesse déplafonnée	2,30 %	1,90 %	0,40 %	Totalité du salaire.
Allocations familiales	5,25 %	5,25%		3,45 % si l'entreprise bénéficie de la réduction Fillon et si le salaire brut est < à 3,5 fois le Smic.
Accident du travail[2]	2,00 %	2,00 %		Taux variable selon les entreprises.
Contribution de solidarité autonomie	0,30 %	0,30 %		Totalité du salaire.

1. En Alsace-Moselle, s'ajoute à la charge du salarié une cotisation calculée sur la totalité du salaire dont le taux est de 1,50 %.

2. Les éléments pris en compte comme accident du travail sont les accidents du trajet, les risques professionnels, les risques d'amiante et les risques de pénibilité.

Charges sociales	Régime général cotisations			Assiette mensuelle
	Taux global	Employeur	Salarié	
Aide au logement (« FNAL »)[1], cotisation de base **tous employeurs**	0,10 %	0,10 %		Dans la limite d'une fois le plafond sécurité sociale
Aide au logement (« FNAL »)[1], **entreprise ≥ 20 salariés**	0,50 %	0,50 %		**Cotisation supplémentaire** sur la totalité de la rémunération
Versement transport, entreprise ≥ 10 salariés[2]				50 % du coût de l'abonnement sur la base des tarifs de 2e classe

1. « FNAL » : Fonds National d'Aide au Logement.
2. Dans tous nos exemples et applications, aucun montant de « versement de transport » faisant l'objet d'une cotisation pour les entreprises d'au moins dix salariés, ne sera pris en compte car ce montant est variable et fonction du lieu géographique de l'entreprise.

Taxes et contributions employeur versées aux autres organismes

Taxes et contributions	Taux global	Employeur	Salarié	Assiette mensuelle
Taxe sur les salaires (entreprise non soumise à la TVA)	4,25 %	4,25 %		Totalité du salaire
Taxe d'apprentissage[1]	0,68 %	0,68 %		Totalité du salaire
Financement des organisations syndicales	0,016 %	0,016 %		Totalité du salaire
Formation professionnelle, entreprise < 11 salariés[2]	0,55 %	0,55 %		Totalité du salaire
Formation professionnelle, entreprise ≥ 11 salariés[2]	1,00 %	1,00 %		Totalité du salaire
Effort de construction, entreprise ≥ 20 salariés	0,45 %	0,45 %		Totalité du salaire

1. En Alsace-Moselle, le taux de la taxe d'apprentissage est ramené à 0,44 % au lieu de 0,68 %.
2. Participation spécifique de 1 % sur la rémunération des salariés sous contrat à durée déterminée quel que soit l'effectif.

Taux spécial de 1,35 % pour les entreprises de travail temporaire ayant au moins 10 et moins de 20 salariés.

Taux spécial de 2 % pour les entreprises de travail temporaire d'au moins 20 salariés.
Une réforme de la participation formation est en cours.

Cotisations employeur et salarié (non cadre) versées aux assurances chômage («pôle emploi») et caisses de retraite

Charges sociales	Régime général cotisations			Assiette mensuelle
	Taux global	Employeur	Salarié	
Assurance chômage[1,2] tranches A et B	4,05 %	4,05 %		Dans la limite de 4 fois le plafond sécurité sociale
AGS[3]	0,15 %	0,15 %		Dans la limite de 4 fois le plafond sécurité sociale
AGFF[4]				
– non cadres, tranche 1 (ou A)	2,00 %	1,20 %	0,80 %	Dans la limite d'une fois le plafond sécurité sociale
– non cadres, tranche 2 (ou B)	2,20 %	1,30 %	0,90 %	Salaire compris entre une et trois fois le plafond sécurité sociale
Retraite complémentaire ARRCO[5]				
– non cadres, tranche A	7,75 %	4,65 %	3,10 %	Dans la limite d'une fois le plafond sécurité sociale
– non cadres, tranche B	20,25 %	12,15 %	8,10 %	Salaire compris entre une et trois fois le plafond sécurité sociale

1. Pour les CDD conclus pour accroissement temporaire d'activité et les CDD d'usage, la part patronale de la contribution chômage est majorée si le contrat a une durée inférieure ou égale à 3 mois.
La part patronale est dans ce cas portée à :
- CDD conclus pour accroissement temporaire d'activité : 5,5 % (7 % si le contrat a une durée inférieure ou égale à 1 mois).
- CDD d'usage : 4,5 %.

2. Les rémunérations des salariés âgés de 65 ans ou plus sont exonérées de contribution chômage.
L'embauche en CDI d'un jeune de moins de 26 ans ouvre droit, après confirmation de la période d'essai, à une exonération temporaire de la contribution patronale chômage.
3. «AGS» : Assurance garantie des salaires. Les entreprises de travail temporaire sont soumises pour le personnel intérimaire à un taux de cotisation «AGS» spécifique de 0,03 %.
4. «AGFF» : Association pour la Gestion du Fonds de Financement.
5. «ARRCO» : Association des Régimes de Retraite Complémentaire.

Cotisations employeur et salarié (cadre) versées aux assurances chômage («pôle emploi») et caisses de retraite

Charges sociales	Régime général cotisations			Assiette mensuelle
	Taux global	Employeur	Salarié	
Assurance chômage[1,2] tranches A et B	4,05 %	4,05 %		Dans la limite de 4 fois le plafond sécurité sociale
AGS[3]	0,15 %	0,15 %		Dans la limite de 4 fois le plafond sécurité sociale
AGFF[4]				
– cadres, tranche A	2,00 %	1,20 %	0,80 %	Dans la limite d'une fois le plafond sécurité sociale
– cadres, tranche B	2,20 %	1,30 %	0,90 %	Salaire compris entre une et quatre fois le plafond sécurité sociale
Retraite complémentaire ARRCO[5]				
– cadres, tranche A	7,75 %	4,65 %	3,10 %	Dans la limite d'une fois le plafond sécurité sociale
Assurance décès obligatoire, cadre (prévoyance)	1,50 %	1,50 %		Dans la limite d'une fois le plafond sécurité sociale
Retraite complémentaire AGIRC[6]				
– cadres, tranche B	20,55 %	12,75 %	7,80 %	Salaire compris entre une et quatre fois le plafond sécurité sociale
– cadres, tranche C	20,55 %	12,75 %	7,80 %	Salaire compris entre quatre et huit fois le plafond sécurité sociale
CET[7] cadres	0,35 %	0,22 %	0,13 %	Dans la limite de huit fois le plafond sécurité sociale
APEC[8]	0,06 %	0,036 %	0,024 %	Dans la limite de 4 fois le plafond sécurité sociale

1. Pour les CDD conclus pour accroissement temporaire d'activité et les CDD d'usage, la part patronale de la contribution chômage est majorée si le contrat a une durée inférieure ou égale à 3 mois. La part patronale est dans ce cas portée à :
- CDD conclus pour accroissement temporaire d'activité : 5,5 % (7 % si le contrat a une durée inférieure ou égale à 1 mois).
- CDD d'usage : 4,5 %.

2. Les rémunérations des salariés âgés de 65 ans ou plus sont exonérées de contribution chômage. L'embauche en CDI d'un jeune de moins de 26 ans ouvre droit, après confirmation de la période d'essai, à une exonération temporaire de la contribution patronale chômage.
3. « AGS » : Assurance garantie des salaires. Les entreprises de travail temporaire sont soumises pour le personnel intérimaire à un taux de cotisation « AGS » spécifique de 0,03 %.
4. « AGFF » : Association pour la Gestion du Fonds de Financement.
5. « ARRCO » : Association des Régimes de Retraite Complémentaire.
6. « AGIRC » : Association Générale des Institutions de Retraites des Cadres.
7. « CET » : Contribution Exceptionnelle et Temporaire.
8. « APEC » : Association pour l'Emploi des Cadres.

B. L'assiette (ou base) des cotisations sociales

L'assiette dite aussi « base de cotisations » ou « plafond de Sécurité sociale » est un montant (annuel, trimestriel, mensuel, etc.) qui sert de référence pour le calcul des cotisations sociales.

Le plafond de sécurité sociale pour 2018 est le suivant selon sa périodicité :

Année	Trimestre	Mois	Quinzaine	Semaine	Jour	Heure
39 732 €	9 933 €	3 311 €	1 656 €	764 €	182 €	25 €

Pour certaines cotisations, il sert de plafond c'est-à-dire qu'aucune cotisation n'est calculée sur la part du salaire qui excède son montant.

Nota Bene : dans les exemples choisis, vous remarquerez une variation sensible de 1, 2, 3 centimes de la valeur du SMIC au 1er juillet 2018. Celle-ci est due aux différents arrondis des taux horaires, du nombre d'heures moyen...

Exemple

Pour le mois de juin N, la rémunération brute de Mr Pascal Dubarry est de 1 971,71 € et celle de Mme Isabelle Martin est de 22 750,50 €. Le plafond mensuel de la Sécurité sociale de 3 311 €.

La cotisation « assurance vieillesse **plafonnée** » s'applique sur la rémunération brute dans la limite d'**une fois le plafond mensuel** de Sécurité sociale. Ainsi :

- Pour Mr Dubarry, la rémunération brute (1 971,71 €) étant inférieure ou égale au plafond mensuel (3 311 €), la cotisation est calculée sur sa rémunération brute (1 971,71 €).
- Pour Mme Martin, la rémunération brute (22 750,50 €) est supérieure au plafond mensuel (3 311 €), la cotisation est calculée sur le plafond de 3 311 €.

Pour d'autres cotisations, le plafond sert de valeur de référence pour déterminer les tranches de cotisations. Chaque tranche est constituée d'un plancher (ou minimum) et d'un plafond (ou maximum) et les montants sont des multiples du plafond Sécurité sociale. Il existe différentes tranches, nommées différemment et qui sont les suivantes :

Tranche 1 : une fois le plafond.
Tranche 2 : deux fois le plafond.

Tranche A : une fois le plafond.
Tranche B : salaire compris entre une et quatre fois le plafond sécurité sociale.
Tranche C : salaire compris entre quatre et huit fois le plafond sécurité sociale

Elles s'analysent comme suit.

Tranches	Plancher (ou minimum)		Plafond (ou maximum)	Base de cotisation si rémunération brute inférieure au plafond	Base de cotisation si rémunération brute supérieure au plafond
Tranche 1 (une fois le plafond)	0 €	à	3 311 €	Rémunération brute	**3 311 €**
Tranche 2 (deux fois le plafond)	3 311 €	à	6 622 €	Rémunération brute – 3 311 €	**3 311 €**
Tranche A (une fois le plafond)	0 €	à	3 311 €	Rémunération brute	**3 311 €**
Tranche B (salaire compris entre 1 et 4 fois le plafond sécurité sociale)	3 311 €	à	13 244 €	Rémunération brute – 3 311 €	**9 933 €**
Tranche C (salaire compris entre 4 et 8 fois le plafond sécurité sociale)	13 244 €	à	26 488 €	Rémunération brute – 13 244 €	**13 244 €**

Exemple

Pour le mois de juin N, la rémunération brute de Mr Pascal Dubarry est de 1 971,71 € et celle de Mme Isabelle Martin est de 22 750,50 €. Le plafond mensuel de la Sécurité sociale de 3 311 €.

On constate que la rémunération brute de **Mr Dubarry** est inférieure au plafond mensuel Sécurité sociale. Par conséquent, les sommes qui seront prises en compte pour le calcul des cotisations sociales de ce salarié en fonction des tranches seront les suivantes :

Tranches	Plancher (ou minimum)		Plafond (ou maximum)	Base de cotisation rémunération brute inférieure au plafond
Tranche 1 (Une fois le plafond)	0 €	à	3 311 €	**1 971,71 €**
Tranche A (Une fois le plafond)	0 €	à	3 311 €	**1 971,71 €**

On constate que la rémunération brute de **Mme Martin** est supérieure au plafond mensuel Sécurité sociale. Par conséquent, les sommes qui seront prises en compte pour le calcul des cotisations sociales de ce salarié en fonction des tranches seront les suivantes :

Tranches	Plancher (ou minimum)		Plafond (ou maximum)	Base de cotisation rémunération brute supérieure au plafond
Tranche 1 (Une fois le plafond)	0 €	à	3 311 €	**3 311 €**
Tranche 2 (Deux fois le plafond)	3 311 €	à	6 622 €	**3 311 €**
Tranche A (Une fois le plafond)	0 €	à	3 311 €	**3 311 €**
Tranche B (Salaire compris entre 1 et 4 fois le plafond sécurité sociale)	3 311 €	à	13 244 €	**9 933 €**
Tranche C (Salaire compris entre 4 et 8 fois le plafond sécurité sociale)	13 244 €	à	22 750,50 €	**9 506,50 €**

Les bulletins de paye de ces deux salariés vous sont présentés pages suivantes.

III. Le bulletin de paie (« clarifié ») d'un salarié non cadre

Cf. page 59.

IV. Le bulletin de paie (« clarifié ») d'un salarié cadre

Cf. page 60.

BULLETIN DE PAIE DU MOIS DE MAI N							
EMPLOYEUR :				**SALARIE :**			
Nom : SA « Les placards »				***Nom et Prénom :*** Dubarry Pascal			
Adresse :				***Adresse :***			
Numéro APE et ou SIRET :				***Numéro SS :***			
Convention collective :				***Emploi :*** Employé non cadre			
URSSAF :							
Salaire de base	151,67	13,00 €	1 971,71 €				
		SALAIRE BRUT	**1 971,71 €**				
COTISATIONS	**PART SALARIALE**			**PART PATRONALE**			
	Base	**Taux**	**Montant**	**Base**	**Taux**	**Montant**	
Santé							
Maladie, maternité, invalidité, décès	1 971,71 €	0,00%	0,00 €	1 971,71 €	12,89%	254,15 €	
Complémentaire santé			20,00 €			20,00 €	
Cotisation patronale frais de santé imposable						20,00 €	
Accidents du travail et maladies professionnelles				1 971,71 €	2,00%	39,43 €	
Retraite							
Sécurité sociale plafonnée	1 971,71 €	6,90%	136,05 €	1 971,71 €	8,55%	168,58 €	
Sécurité sociale déplafonnée	1 971,71 €	0,40%	7,89 €	1 971,71 €	1,90%	37,46 €	
Complémentaire tranche A - ARRCO (cadre ou non)	1 971,71 €	3,10%	61,12 €	1 971,71 €	4,65%	91,68 €	
AGFF tranche A	1 971,71 €	0,80%	15,77 €	1 971,71 €	1,20%	23,66 €	
Famille sécurité sociale (allocations familiales)				1 971,71 €	5,25%	103,51 €	
Assurance chômage							
Tranche A				1 971,71 €	4,05%	79,85 €	
Tranche AGS (FNGS)				1 971,71 €	0,15%	2,96 €	
Autres contributions dues par l'employeur							
Aide au logement plafonnée (FNAL, tous employeurs)				1 971,71 €	0,10%	1,97 €	
Contribution solidarité autonomie				1 971,71 €	0,30%	5,92 €	
Financement des organisations syndicales				1 971,71 €	0,016%	0,32 €	
Taxe d'apprentissage						0,00 €	
Formation professionnelle				1 971,71 €	0,550%	10,84 €	
Versement transport (entreprise d'au moins 10 salariés)							
Cotisations statutaires ou prévues conv. collective							
CSG non imposable à l'impôt sur le revenu[1]	1 957,21 €	6,80%	133,09 €				
CSG imposable à l'impôt sur le revenu[1]	1 957,21 €	2,40%	46,97 €				
CRDS imposable à l'impôt sur le revenu[1]	1 957,21 €	0,50%	9,79 €				
Allègement de cotisations							
		TOTAL des cotisations et contributions	**430,68 €**			**860,35 €**	
		Net payé en euros[2]	**1 541,03 €**				
	Total versé par l'employeur			**Allègement de cotisations**			
	2 832,06 €						
A CONSERVER SANS LIMITATION DE DUREE							

1. 1957,21 = (1971,71 × 98,25 %) + 20 € de « cotisation patronale frais de santé imposable ».
2. Net payé en euros (1 541,03) = Salaire brut (1 971,71) – total cotisations salariales (430,68).

BULLETIN DE PAIE DU MOIS DE MAI N			
EMPLOYEUR :		**SALARIE :**	
Nom :	SA « Les placards »	***Nom et Prénom :***	Martin Isabelle
Adresse :		***Adresse :***	
Numéro APE ou SIRET :		***Numéro SS :***	
Convention collective :		***Emploi :***	Cadre
URSSAF :		***Coefficient :***	

COTISATIONS	PART SALARIALE			PART PATRONALE		
Salaire de base	151,67	150,00 €	22 750,50 €			
		SALAIRE BRUT	**22 750,50 €**			
	Base	**Taux**	**Montant**	**Base**	**Taux**	**Montant**
Santé						
Maladie, maternité, invalidité, décès	22 750,50 €	0,00%	0,00 €	22 750,50 €	12,89%	2 932,54 €
Assurance décès obligatoire cadre				3 311,00 €	1,50%	49,67 €
Complémentaire santé			20,00 €			20,00 €
Cotisation patronale frais de santé imposable						20,00 €
Accidents du travail et maladies professionnelles				22 750,50 €	2,00%	455,01 €
Retraite						
Sécurité sociale plafonnée	3 311,00 €	6,90%	228,46 €	3 311,00 €	8,55%	283,09 €
Sécurité sociale déplafonnée	22 750,50 €	0,40%	91,00 €	22 750,50 €	1,90%	432,26 €
Complémentaire tranche A - ARRCO (cadre ou non)	3 311,00 €	3,10%	102,64 €	3 311,00 €	4,65%	153,96 €
Complémentaire tranche B - AGIRC (cadre)	9 933,00 €	7,80%	774,77 €	9 933,00 €	12,75%	1 266,46 €
Complémentaire tranche C - AGIRC (cadre)	9 506,50 €	7,80%	741,51 €	9 506,50 €	12,75%	1 212,08 €
CET cadres	22 750,50 €	0,13%	29,58 €	22 750,50 €	0,22%	50,05 €
APEC	13 244,00 €	0,024%	3,18 €	13 244,00 €	0,036%	4,77 €
AGFF tranche A	3 311,00 €	0,80%	26,49 €	3 311,00 €	1,20%	39,73 €
AGFF tranche B	9 933,00 €	0,90%	89,40 €	9 933,00 €	1,30%	129,13 €
Supplémentaire						
Famille sécurité sociale (allocations familiales)				22 750,50 €	5,25%	1 194,40 €
Assurance chômage						
Tranche A				3 311,00 €	4,05%	134,10 €
Tranche B				9 933,00 €	4,05%	402,29 €
Tranche AGS (FNGS)				13 244,00 €	0,15%	19,87 €
Autres contributions dues par l'employeur						
Aide au logement plafonnée (FNAL, tous employeurs)				3 311,00 €	0,10%	3,31 €
Aide au logement plafonnée (FNAL, 20 salariés et plus)				0,00 €	0,50%	0,00 €
Contribution solidarité autonomie				22 750,50 €	0,30%	68,25 €
Financement des organisations syndicales				22 750,50 €	0,016%	3,64 €
Taxe d'apprentissage						0,00 €
Formation professionnelle				22 750,50 €	0,55%	125,13 €
Versement transport (entreprise d'au moins 10 salariés)						
Cotisations statutaires ou prévues conv. collective						
CSG non imposable à l'impôt sur le revenu[1]	22 770,50 €	6,80%	1 548,39 €			
CSG imposable à l'impôt sur le revenu[1]	22 770,50 €	2,40%	546,49 €			
CRDS imposable à l'impôt sur le revenu[1]	22 770,50 €	0,50%	113,85 €			
Allègement de cotisations						
		TOTAL des cotisations et contributions	**4 315,76 €**			**8 999,72 €**
		Net payé en euros[2]	**18 434,74 €**			
	Total versé par l'employeur			**Allègement de cotisations**		
	31 750,22 €					
A CONSERVER SANS LIMITATION DE DUREE						

1. CSG et CRDS se calculent sur 100 % du salaire brut car il dépasse quatre fois le plafond sécurité sociale majorés de 20 € « cotisation patronale frais de santé imposable ».
2. Net payé en euros (18 434,74) = Salaire brut (22 750,50) – total cotisations salariales (4 315,76).

V. La comptabilisation du bulletin de salaire

1ère étape : comptabilisation de la rémunération brute

	Fin de mois M		
641 000	Rémunération du personnel	**Salaire(s) brut(s)**	
421 000	Personnel, rémunération due		**Salaire(s) brut(s)**
	Salaire(s) brut(s) mois M		

2e étape : comptabilisation des cotisations sociales salariales

	Fin de mois M		
421 000	Personnel, rémunération due	**Total cotisations salariales**	
431 000	Sécurité sociale (URSSAF et chômage)		**Cotisations** sociales **salariales**
437 200	Caisse retraite non cadre		**Cotisations** sociales **salariales**
437 300	Caisse retraite cadre		**Cotisations** sociales **salariales**
437 400	Complémentaire santé		**Cotisation** « santé » **salariale**
	Cotisations salariales mois M		

3e étape : comptabilisation des charges sociales patronales

	Fin de mois M	Débit	Crédit
645000	Charges de sécurité sociale et prévoyance	**Total cotisations patronales**	
631 000	Impôts taxes et versements assimilés rémunération	**Total taxes, contributions patronales**	
431000	Sécurité sociale (URSSAF et chômage)		**Cotisations** sociales **patronales**
437200	Caisse de retraite non cadre		**Cotisations** sociales **patronales**
437300	Caisse de retraite cadre		**Cotisations** sociales **patronales**
437400	Complémentaire santé		**Cotisations** « santé » **patronales**
437 500	Autres organismes (Taxe apprentissage, financement des organisations syndicales et cotisation formation)		**Total taxes contributions patronales**
	Cotisations patronales mois M		

4e étape : comptabilisation du paiement du/des salaire(s) net(s)

	Fin de mois M	Débit	Crédit
421000	Personnel, rémunération due	**Salaire(s) net(s)**[1]	
512000	Banque		**Salaire(s) net(s)**[1]
	Paiement salaire(s) net(s) mois M		

1. Salaire(s) net(s) = salaire(s) brut(s) – cotisations sociales salariales.

5e étape : comptabilisation du paiement des cotisations sociales salariales ET patronales

	Fin de mois M + 1		
431000	Sécurité sociale (URSSAF et chômage)	**Cotisations** sociales **salariales + patronales**	
437200	Caisse de retraite non cadre	**Cotisations** sociales **salariales + patronales**	
437300	Caisse de retraite cadre	**Cotisations** sociales **salariales + patronales**	
437400	Complémentaire santé	**Cotisations** « santé » **salariales + patronales**	
437 500	Autres organismes (Taxe apprentissage, financement des organisations syndicales et cotisation formation)	**Total taxes contributions patronales**	
512000	Banque		**Total cotisations et taxes**
	Paiement cotisations salariales **ET** patronales du mois M		

Exemple

Reprenons les bulletins de paie simplifiés des salariés (Mr Dubary et Mme Martin) afin de les comptabiliser.

1re étape : comptabilisation des rémunérations brutes

	31/05/N		
641 000	Rémunération du personnel	24 722,21	
421 000	Personnel, rémunération due		24 722,21
	Salaires cadre et non cadre		

2e étape : comptabilisation cotisations sociales salariales

	31/05/N		
421 000	Personnel, rémunération due	4 746,44	
431 000	Sécurité sociale (URSSAF et chômage)		3 026,40
437 200	Caisse retraite non cadre		61,12
437 300	Caisse retraite cadre		1 618,92
437 400	Complémentaire santé		40,00
	Cotisations salariales cadre et non cadre		

3e étape : comptabilisation des charges sociales patronales

	31/05/N		
645 000	Charges de sécurité sociale et prévoyance	9 720,14	
631 000	Impôts taxes et versements assimilés rémunération	139,93	
431 000	Sécurité sociale (URSSAF et chômage)		6 915,96
437 200	Caisse de retraite non cadre		91,68
437 300	Caisse de retraite cadre		2 632,50
437 400	Complémentaire santé		80,00
437 500	Autres organismes		139,93
	Cotisations patronales		

4e étape : comptabilisation du paiement des salaires nets

	31/05/N		
421 000	Personnel, rémunération due	19 975,77	
512 000	Banque		19 975,77
	Versement salaires nets cadre et non cadre		

5e étape : comptabilisation du paiement des cotisations sociales salariales ET patronales

	30/06/N		
431 000	Sécurité sociale (URSSAF et chômage)	9 942,36	
437 200	Caisse de retraite non cadre	152,80	
437 300	Caisse de retraite cadre	4 251,42	
437 400	Complémentaire santé	120,00	
437 500	Autres organismes	139,93	
512 000	Banque		14 606,51
	Versement cotisations salariales ET patronales		

APPLICATION 1 : SALARIÉ NON CADRE

Mme Testelin, employée en CDI à temps plein est payée 1 800 € brut par mois et bénéficie d'avantages en nature :

- Pour un logement qui comporte une pièce principale.
- Pour la nourriture à raison d'un repas par jour.

D'autre part, elle se voit verser une prime mensuelle de résultat d'un montant de 120 €.

Au mois de juin, il y a 22 jours ouvrés.

Le nombre de salariés dans l'entreprise est de 10.

Un complément santé payé par la salariée est de 20 €.

Ce complément santé est payé par l'employeur pour 20 €, majoré de 20 € imposables.

Travail à faire :

1) À l'aide des données ci-dessous, établissez le bulletin de paye (en annexe 1) de cette salariée pour le mois de juin N.

Éléments	Montants
Salaire de base	1 800,00
+ Prime de résultat	+120,00
+ Avantage nourriture	+105,60
+ Avantage logement	+92,20
= **Salaire brut**	**2 117,80**
À ne pas payer au salarié	
Avantage nourriture	105,60
Avantage logement	92,20

2) Comptabilisez la paie du mois de juin N.

ANNEXE 1

BULLETIN DE PAIE DU MOIS DE JUIN N			
EMPLOYEUR :		**SALARIE :**	
Nom :	**Service à dom**	***Nom et Prénom :***	TESTELIN Marie
Adresse :	56 rue Pajol	***Adresse :***	56 rue Pajol 75018 Paris
CP et Ville :	75018 Paris	***Numéro SS :***	2761075241035
Numéro APE et ou SIRET :		***Convention collective :***	-
URSSAF :		***Emploi :***	Hôtesse d'accueil

Salaire de base			
Avantages en nature			
Primes			
SALAIRE BRUT			

COTISATIONS	**PART SALARIALE**			**PART PATRONALE**		
	Base	**Taux**	**Montant**	**Base**	**Taux**	**Montant**
Santé						
Maladie, maternité, invalidité, décès						
Complémentaire santé						
Cotisation patronale frais de santé imposable						
Accidents du travail et maladies professionnelles						
Retraite						
Sécurité sociale plafonnée						
Sécurité sociale déplafonnée						
Complémentaire tranche A - ARRCO (cadre ou non)						
AGFF tranche A						
AGFF tranche B						
Famille sécurité sociale (allocations familiales)						
Assurance chômage						
Tranche A						
Tranche AGS (FNGS)						
Autres contributions dues par l'employeur						
Aide au logement plafonnée (FNAL, tous employeurs)						
Contribution solidarité autonomie						
Financement des organisations syndicales						
Taxe d'apprentissage						
Formation professionnelle						
Versement transport (entreprise d'au moins 10 salariés)						
Cotisations statutaires ou prévues conv. collective						
CSG non imposable à l'impôt sur le revenu						
CSG imposable à l'impôt sur le revenu						
CRDS imposable à l'impôt sur le revenu						
Allègement de cotisations						
TOTAL des cotisations et contributions						
Net payé en euros						
Total versé par l'employeur				**Allègement de cotisations**		

A CONSERVER SANS LIMITATION DE DUREE

CORRIGÉ

1) Établissement du bulletin de paye du salarié pour le mois de juin N.

BULLETIN DE PAIE DU MOIS DE JUIN N			
EMPLOYEUR :		**SALARIE :**	
Nom :	**Service à dom**	***Nom et Prénom :***	TESTELIN Marie
Adresse :	56 rue Pajol	***Adresse :***	56 rue Pajol 75018 Paris
CP et Ville :	75018 Paris	***Numéro SS :***	2761075241035
Numéro APE et ou SIRET :		***Convention collective :***	-
URSSAF :		***Emploi :***	Hôtesse d'accueil

Salaire de base	151,67	11,87 €	1 800,00 €
Avantages en nature			197,80 €
Primes			120,00 €
		SALAIRE BRUT	**2 117,80 €**

COTISATIONS	**PART SALARIALE**			**PART PATRONALE**		
	Base	**Taux**	**Montant**	**Base**	**Taux**	**Montant**
Santé						
Maladie, maternité, invalidité, décès	2 117,80 €	0,00%	0,00 €	2 117,80 €	12,89%	272,98 €
Complémentaire santé			20,00 €			20,00 €
Cotisation patronale frais de santé imposable						20,00 €
Accidents du travail et maladies professionnelles				2 117,80 €	2,00%	42,36 €
Retraite						
Sécurité sociale plafonnée	2 117,80 €	6,90%	146,13 €	2 117,80 €	8,55%	181,07 €
Sécurité sociale déplafonnée	2 117,80 €	0,40%	8,47 €	2 117,80 €	1,90%	40,24 €
Complémentaire tranche A - ARRCO (cadre ou non)	2 117,80 €	3,10%	65,65 €	2 117,80 €	4,65%	98,48 €
AGFF tranche A	2 117,80 €	0,80%	16,94 €	2 117,80 €	1,20%	25,41 €
Famille sécurité sociale (allocations familiales)				2 117,80 €	5,25%	111,18 €
Assurance chômage						
Tranche A				2 117,80 €	4,05%	85,77 €
Tranche AGS (FNGS)				2 117,80 €	0,15%	3,18 €
Autres contributions dues par l'employeur						
Aide au logement plafonnée (FNAL, tous employeurs)				2 117,80 €	0,10%	2,12 €
Contribution solidarité autonomie				2 117,80 €	0,30%	6,35 €
Financement des organisations syndicales				2 117,80 €	0,016%	0,34 €
Taxe d'apprentissage						0,00 €
Formation professionnelle				2 117,80 €	0,550%	11,65 €
Cotisations statutaires ou prévues conv. collective						
CSG non imposable à l'impôt sur le revenu	2 100,74 €	6,80%	142,85 €			
CSG imposable à l'impôt sur le revenu	2 100,74 €	2,40%	50,42 €			
CRDS imposable à l'impôt sur le revenu	2 100,74 €	0,50%	10,50 €			
Allègement de cotisations						
		TOTAL des cotisations et contributions	**460,97 €**			**921,13 €**
		Net payé en euros	**1 459,03 €**			
	Total versé par l'employeur			**Allègement de cotisations**		
	3 038,93 €					
A CONSERVER SANS LIMITATION DE DUREE						

2) Comptabilisation de la paie du mois de juin N.

1re étape : comptabilisation des rémunérations brutes

	30/06/N		
641 000	Rémunération du personnel	2 117,80	
421 000	Personnel, rémunération due		2 117,80
	Salaire Mme Testelin		

2e étape : comptabilisation cotisations sociales salariales

	30/06/N		
421 000	Personnel, rémunération due	460,97	
431 000	Sécurité sociale (URSSAF et chômage)		375,32
437 200	Caisse retraite non cadre		65,65
437 400	Complémentaire santé		20,00
	Cotisations salariales Mme Testelin		

3e étape : comptabilisation des charges sociales patronales

	30/06/N		
645 000	Charges de sécurité sociale et prévoyance	909,14	
631 000	Impôts taxes et versements assimilés rémunération	11,99	
431 000	Sécurité sociale (URSSAF et chômage)		770,67
437 200	Caisse de retraite non cadre		98,48
437 400	Complémentaire santé		40,00
437 500	Autres organismes		11,99
	Cotisations patronales		

4e étape : comptabilisation du paiement du salaire net

	30/06/N		
421 000	Personnel, rémunération due	1 459,03	
512 000	Banque		1 459,03
	Versement salaire net Mme Testelin		

5e étape : comptabilisation du paiement des cotisations sociales salariales ET patronales

	31/07/N		
431 000	Sécurité sociale (URSSAF et chômage)	1 145,99	
437 200	Caisse de retraite non cadre	164,13	
437 400	Complémentaire santé	60,00	
437 500	Autres organismes	11,99	
512 000	Banque		1 382,11
	Versement cotisations salariales ET patronales		

APPLICATION 2 : SALARIÉ CADRE

Mr Stierlin, cadre (en CDI à temps plein) payé 3 000 € brut par mois, bénéficie d'une prime d'ancienneté de 250 € et d'avantages en nature pour un logement de quatre pièces.

D'autre part, ce salarié s'est déplacé trois mardis à Paris dans le cadre de son activité professionnelle. L'entreprise lui rembourse ces frais forfaitairement à raison de 20 € par repas et 81 € par déplacement.

Le nombre de jours ouvrés en septembre N est de 23 et le nombre de salariés dans l'entreprise est de 10.

Un complément santé payé par la salariée est de 20 €.

Ce complément santé est payé par l'employeur pour 20 €, majoré de 20 € imposables.

Travail à faire :

1) À l'aide du tableau ci-dessous, établissez le bulletin de paye (en annexe 1) du salarié pour le mois de septembre N.

Éléments	Montants
Salaire de base	3 000,00
+ Prime d'ancienneté	+250,00
+ Remboursement repas	+4,20
+ Remboursement déplacement	+43,50
+ Avantage logement	+438,00
= **Salaire brut**	**3 735,70**
À payer au salarié en plus du salaire net	
Remboursement repas (montant exonéré × 3 repas)	55,80
Remboursement déplacement (montant exonéré × 3 déplacements)	199,50
À ne pas payer au salarié	
Avantage logement	438,00

2) Comptabilisez la paie du mois de septembre N.

ANNEXE 1

BULLETIN DE PAIE DU MOIS DE SEPTEMBRE N			
EMPLOYEUR :		**SALARIE :**	
Nom :	**Maison des examens**	***Nom et Prénom :***	STIERLIN Henri
Adresse :	56 rue Pajol	***Adresse :***	12 rue de la Source 45000 Orléans
CP et Ville :	75018 Paris	***Numéro SS :***	1761272211065
Numéro APE et ou SIRET :		***Emploi :***	Directeur

Salaire de base			
Remboursement de frais			
Avantages en nature			
Primes			
SALAIRE BRUT			

COTISATIONS	PART SALARIALE			PART PATRONALE		
	Base	**Taux**	**Montant**	**Base**	**Taux**	**Montant**
Santé						
Maladie, maternité, invalidité, décès						
Assurance décès obligatoire cadre						
Complémentaire santé						
Cotisation patronale frais de santé imposable						
Accidents du travail et maladies professionnelles						
Retraite						
Sécurité sociale plafonnée						
Sécurité sociale déplafonnée						
Complémentaire tranche A - ARRCO (cadre ou non)						
Complémentaire tranche B - AGIRC (cadre)						
Complémentaire tranche C - AGIRC (cadre)						
CET cadres						
APEC						
AGFF tranche A						
AGFF tranche B						
Famille sécurité sociale (allocations familiales)						
Assurance chômage						
Tranche A						
Tranche B						
Tranche AGS (FNGS)						
Autres contributions dues par l'employeur						
Aide au logement plafonnée (FNAL, tous employeurs)						
Aide au logement plafonnée (FNAL, 20 salariés et plus)						
Contribution solidarité autonomie						
Financement des organisations syndicales						
Taxe d'apprentissage						
Formation professionnelle						
Cotisations statutaires ou prévues conv. collective						
CSG non imposable à l'impôt sur le revenu						
CSG imposable à l'impôt sur le revenu						
CRDS imposable à l'impôt sur le revenu						
Allègement de cotisations						
TOTAL des cotisations et contributions						
Remboursement de frais exonérés de cotisations						
Net payé en euros						
	Total versé par l'employeur			**Allègement de cotisations**		
A CONSERVER SANS LIMITATION DE DUREE						

CORRIGÉ

1) Établissement du bulletin de paye du salarié pour le mois de septembre N.

BULLETIN DE PAIE DU MOIS DE SEPTEMBRE N			
EMPLOYEUR :		**SALARIE :**	
Nom :	**Maison des examens**	***Nom et Prénom :***	STIERLIN Henri
Adresse :	56 rue Pajol	***Adresse :***	12 rue de la Source 45000 Orléans
CP et Ville :	75018 Paris	***Numéro SS :***	1761272211065
Numéro APE et ou SIRET :		***Emploi :***	Directeur

Salaire de base	151,67	19,78 €	3 000,00 €	
Remboursement de frais			47,70 €	(= 43,50 + 4,20)
Avantages en nature			438,00 €	
Primes			250,00 €	
		SALAIRE BRUT	**3 735,70 €**	

COTISATIONS	**PART SALARIALE**			**PART PATRONALE**		
	Base	**Taux**	**Montant**	**Base**	**Taux**	**Montant**
Santé						
Maladie, maternité, invalidité, décès	3 735,70 €	0,00%	0,00 €	3 735,70 €	12,89%	481,53 €
Assurance décès obligatoire cadre				3 311,00 €	1,50%	49,67 €
Complémentaire santé			20,00 €			20,00 €
Cotisation patronale frais de santé imposable						20,00 €
Accidents du travail et maladies professionnelles				3 735,70 €	2,00%	74,71 €
Retraite						
Sécurité sociale plafonnée	3 311,00 €	6,90%	228,46 €	3 311,00 €	8,55%	283,09 €
Sécurité sociale déplafonnée	3 735,70 €	0,40%	14,94 €	3 735,70 €	1,90%	70,98 €
Complémentaire tranche A - ARRCO (cadre ou non)	3 311,00 €	3,10%	102,64 €	3 311,00 €	4,65%	153,96 €
Complémentaire tranche B - AGIRC (cadre)	424,70 €	7,80%	33,13 €	424,70 €	12,75%	54,15 €
CET cadres	3 735,70 €	0,13%	4,86 €	3 735,70 €	0,22%	8,22 €
APEC	3 735,70 €	0,024%	0,90 €	3 735,70 €	0,036%	1,34 €
AGFF tranche A	3 311,00 €	0,80%	26,49 €	3 311,00 €	1,20%	39,73 €
AGFF tranche B	424,70 €	0,90%	3,82 €	424,70 €	1,30%	5,52 €
Famille sécurité sociale (allocations familiales)				3 735,70 €	5,25%	196,12 €
Assurance chômage						
Tranche A				3 311,00 €	4,05%	134,10 €
Tranche B				424,70 €	4,05%	17,20 €
Tranche AGS (FNGS)				3 735,70 €	0,15%	5,60 €
Autres contributions dues par l'employeur						
Aide au logement plafonnée (FNAL, tous employeurs)				3 311,00 €	0,10%	3,31 €
Aide au logement plafonnée (FNAL, 20 salariés et plus)				0,00 €	0,50%	0,00 €
Contribution solidarité autonomie				3 735,70 €	0,30%	11,21 €
Financement des organisations syndicales				3 735,70 €	0,016%	0,60 €
Taxe d'apprentissage						0,00 €
Formation professionnelle				3 735,70 €	0,55%	20,55 €
Cotisations statutaires ou prévues conv. collective						
CSG non imposable à l'impôt sur le revenu	3 690,33 €	6,80%	250,94 €			
CSG imposable à l'impôt sur le revenu	3 690,33 €	2,40%	88,57 €			
CRDS imposable à l'impôt sur le revenu	3 690,33 €	0,50%	18,45 €			
Allègement de cotisations						
		TOTAL des cotisations et contributions	**793,19 €**			**1 651,59 €**
		Remboursement de frais exonérés de cotisations	**255,30 €**			
		Net payé en euros[1]	**2 759,81 €**			
	Total versé par l'employeur			**Allègement de cotisations**		
	5 387,29 €					
A CONSERVER SANS LIMITATION DE DUREE						

1. Net payé en euros	=	Salaire brut	–	Charges sociales salariales	–	Avantages en nature	+	Remboursement de frais exonérés de cotisations
2 759,81	=	3 735,70	–	793,19	–	438,00	+	(55,80 + 199,50)

2) Comptabilisation de la paie du mois de septembre N.

1re étape : comptabilisation de la rémunération brute

	30/09/N		
641 000	Rémunération du personnel	3 735,70	
421 000	Personnel, rémunération due		3 735,70
	Salaire cadre Mr Stierlin		

2e étape : comptabilisation des cotisations sociales salariales

	30/09/N		
421 000	Personnel, rémunération due	793,19	
431 000	Sécurité sociale (URSSAF et chômage)		637,42
437 300	Caisse retraite cadre		135,77
437 400	Complémentaire santé		20,00
	Cotisations salariales cadre Mr Stierlin		

3e étape : comptabilisation des charges sociales patronales

	30/09/N		
645 000	Charges de sécurité sociale et prévoyance	1 630,45	
631 000	Impôts taxes et versements assimilés rémunération	21,14	
431 000	Sécurité sociale (URSSAF et chômage)		1 382,34
437 300	Caisse de retraite cadre		208,11
437 400	Complémentaire santé		40,00
437 500	Autres organismes		21,14
	Cotisations patronales		

4ᵉ étape : comptabilisation du paiement du salaire net

	30/09/N		
421 000	Personnel, rémunération due	2 759,81	
512 000	Banque		2 759,81
	Versement salaire net cadre Mr Stierlin		

5ᵉ étape : comptabilisation du paiement des cotisations sociales salariales ET patronales

	31/10/N		
431 000	Sécurité sociale (URSSAF et chômage)	2 019,76	
437 300	Caisse de retraite cadre	343,88	
437 400	Complémentaire santé	60,00	
437 500	Autres organismes	21,14	
512 000	Banque		2 444,78
	Versement cotisations salariales ET patronales		

Fiche 5
La paie dans des cas spécifiques

I. La paie d'un apprenti
II. La paie d'un contrat de professionnalisation
III. La paie d'un stagiaire

Définition

La **paye** correspond à une gestion administrative et comptable qui s'appuie sur un système d'informations, spécialisé.

Objectif

L'objectif est de respecter les rémunérations à verser, les cotisations à payer en fonction des statuts spécifiques des employés.

I. La paie d'un apprenti

Toute personne souhaitant intégrer une entreprise sous forme de contrat d'apprentissage, le peut, entre 16 et 25 inclus avec dérogations possibles de 15 ans à 30 ans, âge au-delà duquel elle devra contracter un contrat de professionnalisation lui permettant une alternance souhaitée (réforme de 2018).

Le salaire minimum de l'apprenti dépend de l'année d'exécution du contrat, en tenant compte de l'âge du jeune dès le mois suivant l'anniversaire du contrat.

Tableau récapitulatif de la rémunération minimale d'un apprenti									
Année de contrat	**Âge de l'apprenti**								
	De 16 à 17 ans			**De 18 à 20 ans**			**21 ans et plus**		
	En % smic	**Par heure**	**Par mois**	**En % smic**	**Par heure**	**Par mois**	**En % smic**	**Par heure**	**Par mois**
1re année	25%	2,47 €	374,62 €	41%	4,05 €	614,37 €	53%	5,24 €	794,19 €
2e année	37%	3,66 €	554,43 €	49%	4,84 €	734,25 €	61%	6,03 €	914,07 €
3e année	53%	5,24 €	794,19 €	65%	6,42 €	974,01 €	78%	7,71 €	1 168,81 €
Après ces 3 années									
un contrat d'un an	40%	3,95 €	599,39 €	56%	5,53 €	839,14 €	68%	6,72 €	1 018,96 €
un contrat de deux ans	52%	5,14 €	779,20 €	64%	6,32 €	959,02 €	76%	7,51 €	1 138,84 €
un contrat de trois ans	68%	6,72 €	1 018,96 €	80%	7,90 €	1 198,78 €	93%	9,19 €	1 393,58 €

Les cotisations sociales salariales et patronales sont différentes en fonction du nombre de salariés de l'entreprise d'accueil de l'apprenti.

A. Pour les entreprises de moins de 11 salariés

L'apprenti est exonéré de l'ensemble des cotisations.

L'employeur est exonéré des cotisations sociales à l'exception de la cotisation « accidents du travail et maladies professionnelles », dont le calcul se fait sur une base forfaitaire selon la formule suivante :

Assiette forfaitaire de cotisations = (**151,67 × SMIC horaire brut** au 1er janvier de chaque année) × (**% rémunération** apprenti **– 11 %**).

Exemple

Manon Janet (20 ans) est pour la 3e année en contrat d'apprentissage dans une entreprise de moins de 11 salariés. Son salaire brut mensuel est donc égal à 65 % du « SMIC » mensuel brut soit 974,01 € et son bulletin de paye sera alors le suivant pour le mois de juillet N.

Sachant que le « SMIC » horaire brut au 1er janvier N est de 9,88 €, l'assiette forfaitaire de cotisations patronales se calcule ainsi :

Assiette forfaitaire de cotisations = (**151,67 × SMIC horaire brut** au 1er janvier de chaque année) × (**% rémunération** apprenti **– 11 %**).

Assiette forfaitaire de cotisations = **(151,67** × **9,88** €**)** × **(65 % – 11 %)**.

Assiette forfaitaire de cotisations = 1 498,50 € × **54 %.**

Assiette forfaitaire de cotisations = 809,19 €.

BULLETIN DE PAIEDE JUILLET N - Apprentie 20 ans en 3e année de contrat d'apprentissage							
EMPLOYEUR :				**SALARIE :**			
Nom :	**Kavala**			***Nom et Prénom :***	Janet Manon		
Adresse :	22 rue du puits			***Adresse :***	13 avenue Cauchy - Sceaux		
CP et Ville :	92 330 Sceaux			***Numéro SS :***			
Numéro APE et ou SIRET :				***Emploi :***	Apprentie assistante marketing		
URSSAF :							
Salaire de base	151,67	6,42 €	974,01 €				
		SALAIRE BRUT	**974,01 €**				
COTISATIONS	**PART SALARIALE**			**PART PATRONALE**			
	Base	**Taux**	**Montant**	**Base**	**Taux**	**Montant**	
Santé							
Accidents du travail et maladies professionnelles				809,19 €	2,00%	16,18 €	
Retraite							
Assurance chômage							
Autres contributions dues par l'employeur							
Allègement de cotisations							
TOTAL des cotisations et contributions			**0,00 €**			**16,18 €**	
Net payé en euros			**974,01 €**				
	Total versé par l'employeur			**Allègement de cotisations**			
	990,19 €			**3,30**			
A CONSERVER SANS LIMITATION DE DUREE							

L'allègement de cotisations patronales se calcule de la façon suivante :

Allègement de cotisations patronales	=	(salaire réel x 2%)	-	(base forfaitaire x 2%)
3,30	=	(974,01 x 2%)	-	(809,19 x 2%)

B. Pour les entreprises de 11 à 20 salariés

L'apprenti est exonéré de l'ensemble des cotisations.

Pour l'employeur, les contributions et cotisations sociales dues sur les rémunérations versées aux apprentis sont calculées sur une base forfaitaire dont le calcul est le suivant :

Assiette forfaitaire de cotisations	=	**(151,67** × **SMIC horaire brut** au 1er janvier de chaque année)	×	**(% rémunération** apprenti **– 11 %)**.

C. Pour les entreprises de plus de 20 salariés

L'apprenti cotise au niveau de l'assurance vieillesse sur sa base de rémunération réelle.

Pour l'employeur, les contributions et cotisations sociales dues sur les rémunérations versées aux apprentis sont calculées sur une base forfaitaire, dont le calcul est toujours le même. Elle concerne l'aide au logement (FNAL), la contribution de solidarité autonomie, les contributions d'assurance chômage et l'AGS, les accidents du travail et maladies professionnelles, le financement des organisations syndicales, le versement transport.

Cependant les cotisations « Retraite sécurité sociale » sont calculées sur la base des rémunérations réelles.

II. La paie d'un contrat de professionnalisation

Les demandeurs d'emploi âgés de 26 ans (voire 30 ans) et plus perçoivent une rémunération qui ne peut être inférieure au « SMIC » mensuel ni à 85 % du salaire minimum conventionnel (sauf dispositions conventionnelles plus favorables).

Tableau récapitulatif de la rémunération minimale d'un contrat de professionnalisation				
Âge du bénéficiaire	**Qualification < à un bac professionnel**		**Qualification ≥ à un bac professionnel**	
	En % du smic	Par mois	En % du smic	Par mois
Âge < 21 ans	55%	824,16 €	65%	974,01 €
21 ans ≤ âge < 26 ans	70%	1 048,93 €	80%	1 198,78 €
Âge ≥ 26 ans	100%	1 498,47 €	100%	1 498,47 €

La rémunération relative à un contrat de professionnalisation est exonérée de cotisations sociales patronales « URSSAF » (sauf « FNAL », contribution sociale d'autonomie et accidents du travail, maladies professionnelles) dans la limite du salaire qui ne dépasse pas le « SMIC » brut mensuel, uniquement pour les demandeurs d'emploi de 45 ans et plus.

Exemple

Manon Janet (50 ans) possède une « BEP comptabilité » et est en contrat de professionnalisation. Son salaire est de 1 600 € brut mensuel pour le mois de mai N.

Un complément santé payé par la salariée est de 20 €.

Ce complément santé est payé par l'employeur pour 20 €, majoré de 20 € imposable.

Manon Janet a plus de 45 ans, son employeur est exonéré des cotisations sociales patronales « URSSAF » (sauf « FNAL », contribution sociale d'autonomie, accidents du travail et maladies professionnelles) dans la limite du salaire ne dépassant pas le « SMIC » brut mensuel (1 498,47 € au 01/01/2018).

Seuls les 101,53 € (= 1 600 € – 1 498,47 €) sont soumis à cotisations sociales patronales « URSSAF ».

BULLETIN DE PAIE DE MAI N - Contrat de professionnalisation							
EMPLOYEUR :			**SALARIE :**				
Nom :	**Kavala**		***Nom et Prénom :***		Janet Manon		
Adresse :	22 rue du puit		***Adresse :***		13 avenue Cauchy - Sceaux		
CP et Ville :	92 330 Sceaux		***Numéro SS :***		-		
Numéro APE et ou SIRET :			***Convention collective :***				
URSSAF :			***Emploi :***		Assistante comptable		
Salaire de base			1 600,00 €				
		SALAIRE BRUT	**1 600,00 €**				

COTISATIONS	**PART SALARIALE**			**PART PATRONALE**		
	Base	**Taux**	**Montant**	**Base**	**Taux**	**Montant**
Santé						
Maladie, maternité, invalidité, décès	1 600,00 €	0,00%	0,00 €	101,53 €	12,89%	13,09 €
Complémentaire santé			20,00 €			20,00 €
Cotisation patronale frais de santé imposable						20,00 €
Accidents du travail et maladies professionnelles				1 600,00 €	2,00%	32,00 €
Retraite						
Sécurité sociale plafonnée	1 600,00 €	6,90%	110,40 €	101,53 €	8,55%	8,68€
Sécurité sociale déplafonnée	1 600,00 €	0,40%	6,40 €	101,53 €	1,90%	1,93 €
Complémentaire tranche A - ARRCO (cadre ou non)	1 600,00 €	3,10%	49,60 €	1 600,00 €	4,65%	74,40 €
AGFF tranche A	1 600,00 €	0,80%	12,80 €	1 600,00 €	1,20%	19,20 €
Famille sécurité sociale						
Allocations familiales				101,53 €	5,25%	5,33 €
Assurance chômage						
Tranche A				1 600,00 €	4,05%	64,80 €
Tranche AGS (FNGS)				1 600,00 €	0,15%	2,40 €
Autres contributions dues par l'employeur						
Aide au logement plafonnée (FNAL, tous employeurs)				1 600,00 €	0,10%	1,60 €
Contribution solidarité autonomie				1 600,00 €	0,30%	4,80 €
Financement des organisations syndicales				1 600,00 €	0,016%	0,26 €
Taxe d'apprentissage				1 600,00 €	0,68%	10,88 €
Formation professionnelle				1 600,00 €	1,00%	16,00 €
Cotisations statutaires ou prévues conv. collective						
CSG non imposable à l'impôt sur le revenu	1 592,00 €	6,80%	108,26 €			
CSG imposable à l'impôt sur le revenu	1 592,00 €	2,40%	38,21 €			
CRDS imposable à l'impôt sur le revenu	1 592,00 €	0,50%	7,96 €			
Allègement de cotisations						
		TOTAL des cotisations et contributions	**353,62 €**			**295,36 €**
		Net payé en euros	**1 246,38 €**			
	Total versé par l'employeur			**Allègement de cotisations**		
	2 023,48 €			**428,41**		
A CONSERVER SANS LIMITATION DE DUREE						

III. La paie d'un stagiaire

Un stage correspond à une période temporaire de mise en situation professionnelle au cours de laquelle l'étudiant acquiert des compétences professionnelles qui mettent en œuvre les acquis de sa formation en vue de l'obtention d'un diplôme ou d'une certification.

Un stage de plus de 44 jours ou 308 heures de présence, consécutifs ou non, dans une même entreprise et au cours d'une même année universitaire (ou scolaire) doit être obligatoirement rémunéré. Cette rémunération est une « gratification » et non un salaire.

La gratification minimale obligatoire ne peut pas être inférieure à 15 % du **plafond horaire brut** de la Sécurité sociale soit 3,75 € de l'heure (= 25 € × 15 %).

On considère le temps complet mensuel d'un stagiaire de 154 heures (soit 22 jours ouvrés × 7 heures) et non 151,67 heures.

Pour ce temps complet, la gratification minimale obligatoire est donc de 577,50 € (= 154 heures × 3,75 €).

La rémunération d'un stagiaire est exonérée de cotisations sociales salariales et patronales à la condition expresse que l'établissement de formation assure la couverture « accidents du travail » de ce stagiaire. À défaut, les cotisations sociales patronales sont dues sur la base d'un forfait égal à 25 % du « SMIC » mensuel brut.

Si la gratification du stagiaire est supérieure à 15 % du plafond horaire brut de la Sécurité sociale, celle-ci est assujettie aux cotisations sociales salariales et patronales au-delà de ces 15 %. Dans tous les cas, la gratification du stagiaire est exonérée de cotisations chômage.

Cette obligation s'applique aux entreprises privées et publiques, administrations publiques et associations ou tout autre organisme d'accueil.

Remarque : la gratification d'un stagiaire n'est pas imposable sur le revenu.

Exemple 1

Manon Janet effectue un stage de 3 mois dans l'entreprise Kavala. Ce stage est effectué à temps complet sur la base de 154 heures mensuelles.

L'université, dans laquelle elle poursuit ses études, assure la couverture « accidents du travail » des stagiaires.

L'entreprise lui verse une gratification horaire de 15 % du plafond horaire brut de la Sécurité sociale soit 3,75 € de l'heure.

La gratification horaire étant de 15 % du plafond horaire brut de la Sécurité sociale et la couverture d'accidents du travail étant prise en charge par l'université, la rémunération versée se trouve exonérée de cotisations sociales salariales et patronales.

Le bulletin de paye de Manon Janet sera donc le suivant pour le mois d'octobre N.

BULLETIN DE GRATIFICATION DU MOIS D'OCTOBRE N - Stagiaire			
EMPLOYEUR :		**SALARIE :**	
Nom :	**Kavala**	***Nom et Prénom :***	Janet Manon
Adresse :	22 rue du puit	***Adresse :***	13 avenue Cauchy - Sceaux
CP et Ville :	92330 Sceaux	***Numéro SS :***	-
Numéro APE et ou SIRET :		***Convention collective :***	
URSSAF :		***Emploi :***	Stagiaire

Salaire de base	154	3,75 €	577,50 €
		SALAIRE BRUT	577,50 €

COTISATIONS	PART SALARIALE			PART PATRONALE		
	Base	**Taux**	**Montant**	**Base**	**Taux**	**Montant**
Santé						
Maladie, maternité, invalidité, décès				0,00 €	12,89%	0,00 €
Complémentaire santé						
Accidents du travail et maladies professionnelles				0,00 €	2,00%	0,00 €
Retraite						
Sécurité sociale plafonnée	0,00 €	6,90%	0,00 €	0,00 €	8,55%	0,00 €
Sécurité sociale déplafonnée	0,00 €	0,40%	0,00 €	0,00 €	1,90%	0,00 €
Famille sécurité sociale				0,00 €	1,90%	0,00 €
Assurance chômage						
Tranche A et B				0,00 €	4,05%	0,00 €
Tranche AGS (FNGS)				0,00 €	0,15%	0,00 €
AGFF tranche A				0,00 €	1,20%	0,00 €
Autres contributions dues par l'employeur						
Aide au logement plafonnée (FNAL, tous employeurs)				0,00 €	0,10%	0,00 €
Contribution solidarité autonomie				0,00 €	0,30%	0,00 €
Versement transport (entreprise d'au moins 10 salariés)						
Cotisations statutaires ou prévues conv. collective						
CSG non imposable à l'impôt sur le revenu	0,00 €	6,80%	0,00 €			
CSG imposable à l'impôt sur le revenu	0,00 €	2,40%	0,00 €			
CRDS imposable à l'impôt sur le revenu	0,00 €	0,50%	0,00 €			
Allègement de cotisations						
		TOTAL des cotisations et contributions	**0,00 €**			**0,00 €**
		Net payé en euros	**577,50 €**			
	Total versé par l'employeur			**Allègement de cotisations**		
	577,50 €			**190,81**		
A CONSERVER SANS LIMITATION DE DUREE						

Exemple 2

Manon Janet effectue un stage de 3 mois dans l'entreprise Kavala. Ce stage est effectué à temps complet sur la base de 154 heures mensuelles.

L'université dans laquelle elle poursuit ses études assure la couverture « accidents du travail » des stagiaires.

D'autre part, l'entreprise lui verse une gratification mensuelle de 750,00 €, soit une gratification horaire de 4,870 € (= 750,00 € / 154 heures).

La gratification horaire étant supérieure à 15 % du plafond horaire brut de la Sécurité sociale (donc > 3,75 € de l'heure), celle-ci est exonérée des cotisations sociales salariales et patronales à concurrence de 15 % du plafond horaire brut de la Sécurité sociale (soit 577,50 €).

La base de calcul des cotisations sociales sera de :

172,50 € (= 750,00 – 577,50 € d'exonération).

Les cotisations sociales seront calculées sur 172,50 € à l'exclusion de la CSG et CRDS (98,25 %).

Le bulletin de paye de Manon Janet sera donc le suivant pour le mois d'octobre N.

BULLETIN DE GRATIFICATION DU MOIS D'OCTOBRE N- Stagiaire			
EMPLOYEUR :		**SALARIE :**	
Nom :	**Kavala**	***Nom et Prénom :***	Janet Manon
Adresse :	22 rue du puit	***Adresse :***	13 avenue Cauchy - Sceaux
CP et Ville :	92330 Sceaux	***Numéro SS :***	-
Numéro APE et ou SIRET :		***Convention collective :***	
URSSAF :		***Emploi :***	Stagiaire

Salaire de base	154	4,8701 €	750,00 €
		SALAIRE BRUT	750,00 €

COTISATIONS	**PART SALARIALE**			**PART PATRONALE**		
	Base	**Taux**	**Montant**	**Base**	**Taux**	**Montant**
Santé						
Maladie, maternité, invalidité, décès				172,50 €	12,89%	22,24 €
Complémentaire santé						
Accidents du travail et maladies professionnelles				172,50 €	2,00%	3,45 €
Retraite						
Sécurité sociale plafonnée	172,50 €	6,90%	11,90 €	172,50 €	8,55%	14,75 €
Sécurité sociale déplafonnée	172,50 €	0,40%	0,69 €	172,50 €	1,90%	3,28 €
Famille sécurité sociale				172,50 €	1,90%	3,28 €
Assurance chômage						
Tranche A et B				0,00 €	4,05%	0,00 €
Tranche AGS (FNGS)				0,00 €	0,15%	0,00 €
AGFF tranche A				0,00 €	1,20%	0,00 €
Autres contributions dues par l'employeur						
Aide au logement plafonnée (FNAL, tous employeurs)				172,50 €	0,10%	0,17 €
Contribution solidarité autonomie				172,50 €	0,30%	0,52 €
Versement transport (entreprise d'au moins 10 salariés)						
Cotisations statutaires ou prévues conv. collective						
CSG non imposable à l'impôt sur le revenu	169,48 €	6,80%	11,52 €			
CSG imposable à l'impôt sur le revenu	169,48 €	2,40%	4,07 €			
CRDS imposable à l'impôt sur le revenu	169,48 €	0,50%	0,85 €			
Allègement de cotisations						
		TOTAL des cotisations et contributions	**29,03 €**			**47,68 €**
		Net payé en euros	**720,97 €**			
	Total versé par l'employeur			**Allègement de cotisations**		
	797,68 €			**190,81**		
A CONSERVER SANS LIMITATION DE DUREE						

APPLICATION 1 : LA PAIE D'UN APPRENTI

Melle Palambo Isabelle (22 ans) est dans sa 3e année de contrat d'apprentissage dans une entreprise de 11 salariés, et son salaire est de 1 498,49 €.

Travail à faire :

1) Sachant que cette apprentie est rémunérée hors obligations légales, établissez son bulletin de salaire (annexe 1) au titre du mois de juillet N.

2) Comptabilisez ce même bulletin de salaire.

BULLETIN DE PAIE DE JUILLET N - Apprentie 22 ans en 3e année de contrat d'apprentissage						
EMPLOYEUR :			**SALARIE :**			
Nom :	**Direct énergie**		***Nom et Prénom :***	Palambo Isabelle		
Adresse :	22 rue du bac		***Adresse :***	12 rue des St pères - Paris		
CP et Ville :	75007 Paris		***Numéro SS :***			
Numéro APE et ou SIRET :			***Convention collective :***	-		
URSSAF :			***Emploi :***	Apprentie assistante comptable		
Salaire de base						
		SALAIRE BRUT				
COTISATIONS	**PART SALARIALE**			**PART PATRONALE**		
	Base	**Taux**	**Montant**	**Base**	**Taux**	**Montant**
Santé						
Accidents du travail et maladies professionnelles						
Retraite						
AGFF tranche A						
Assurance chômage						
Tranche A						
Tranche AGS (FNGS)						
Autres contributions dues par l'employeur						
Aide au logement plafonnée (FNAL, tous employeurs)						
Contribution solidarité autonomie						
Financement organisations syndicales						
Taxe d'apprentissage						
Cotisation de formation						
Allègement de cotisations						
TOTAL des cotisations et contributions						
Net payé en euros						
	Total versé par l'employeur			**Allègement de cotisations**		
A CONSERVER SANS LIMITATION DE DUREE						

CORRIGÉ

1) Établissement du bulletin de salaire pour le mois de juillet N.

BULLETIN DE PAIE DE JUILLET N - Apprentie 22 ans en 3e année de contrat d'apprentissage						
EMPLOYEUR :			**SALARIE :**			
Nom :	**Direct énergie**		***Nom et Prénom :***	Palambo Isabelle		
Adresse :	22 rue du bac		***Adresse :***	12 rue des St pères - Paris		
CP et Ville :	75007 Paris		***Numéro SS :***			
Numéro APE et ou SIRET :			***Convention collective :***	-		
URSSAF :			***Emploi :***	Apprentie assistante comptable		
Salaire de base	**151,67**	**9,88 €**	**1 498,49 €**			
		SALAIRE BRUT	**1 498,49 €**			
COTISATIONS	**PART SALARIALE**			**PART PATRONALE**		
	Base	**Taux**	**Montant**	**Base**	**Taux**	**Montant**
Santé						
Accidents du travail et maladies professionnelles[1]				1 003,99 €	2,00%	20,08 €
Retraite						
AGFF tranche A				1 003,99 €	1,20%	12,05 €
Assurance chômage						
Tranche A				1 003,99 €	4,05%	40,66 €
Tranche AGS (FNGS)				1 003,99 €	0,15%	1,51 €
Autres contributions dues par l'employeur						
Aide au logement plafonnée (FNAL, tous employeurs)				1 003,99 €	0,10%	1,00 €
Contribution solidarité autonomie				1 003,99 €	0,30%	3,01 €
Financement organisations syndicales				1 003,99 €	0,016%	0,16 €
Taxe d'apprentissage				1 003,99 €	0,68%	6,83 €
Cotisation de formation				1 003,99 €	1,00%	10,04 €
Allègement de cotisations						
		TOTAL des cotisations et contributions	**0,00 €**			**95,34 €**
		Net payé en euros	**1 498,49 €**			
	Total versé par l'employeur			**Allègement de cotisations**		
	1 593,83 €			**12,36**		
A CONSERVER SANS LIMITATION DE DUREE						

1. 1 003, 99 € = 1498,49 × (78 % – 11 %)

2) Comptabilisation du bulletin de salaire.

1re étape : comptabilisation de la rémunération brute

	31/07/N		
641 000	Rémunération du personnel	1 498,49	
421 000	Personnel, rémunération due		1 498,49
	Salaire apprentie		

2e étape : comptabilisation des cotisations sociales salariales

Aucune cotisation sociale salariale à comptabiliser.

3e étape : comptabilisation des charges sociales patronales

	31/07/N		
645 000	Charges de sécurité sociale et prévoyance	78,31	
631 000	Impôts taxes et versements assimilés rémunération	17,03	
431 000	Sécurité sociale (URSSAF et chômage)		37,65
437 200	Caisse de retraite non cadre		40,66
437 500	Autres organismes		17,03
	Cotisations patronales		

4e étape : comptabilisation du paiement du salaire net

	31/07/N		
421 000	Personnel, rémunération due	1 498,49	
512 000	Banque		1 498,49
	Versement salaire net apprentie		

5e étape : comptabilisation du paiement des cotisations sociales salariales ET patronales

	31/08/N		
431 000	Sécurité sociale (URSSAF et chômage)	37,65	
437 200	Caisse de retraite non cadre	40,66	
437 500	Autres organismes	17,03	
512 000	Banque		95,34
	Versement cotisations salariales ET patronales		

APPLICATION 2 : LA PAIE D'UN CONTRAT DE PROFESSIONNALISATION

Palambo Isabelle en contrat de professionnalisation, âgée de 52 ans, prépare un examen supérieur au baccalauréat. L'entreprise lui verse le salaire conventionnel de 1 700 € brut mensuel et comporte moins de 11 salariés. Un complément santé payé par la salariée est de 20 €. Ce complément santé est payé par l'employeur pour 20 €, majoré de 20 € imposable.

Travail à faire :

1) Établissez le bulletin de salaire (annexe 1) de cette employée pour le mois de juillet N.

2) Comptabilisez le bulletin de salaire.

Annexe 1 - BULLETIN DE PAIE DE JUILLET N							
EMPLOYEUR :				**SALARIE :**			
Nom :	**Direct énergie**			***Nom et Prénom :***	Palambo Isabelle		
Adresse :	22 rue du bac			***Adresse :***	12 rue des St pères - Paris		
CP et Ville :	75 007 Paris			***Numéro SS :***			
Numéro APE et ou SIRET :				***Emploi :***	Assistante comptable		
URSSAF :					Contrat professionnalisation		
Salaire de base							
		SALAIRE BRUT					
COTISATIONS	**PART SALARIALE**			**PART PATRONALE**			
	Base	**Taux**	**Montant**	**Base**	**Taux**	**Montant**	
Santé							
Maladie, maternité, invalidité, décès							
Complémentaire santé							
Cotisation patronale frais de santé imposable							
Accidents du travail et maladies professionnelles							
Retraite							
Sécurité sociale plafonnée							
Sécurité sociale déplafonnée							
Complémentaire tranche A - ARRCO (cadre ou non)							
AGFF tranche A							
Famille sécurité sociale							
Allocations familiales							
Assurance chômage							
Tranche A							
Tranche AGS (FNGS)							
Autres contributions dues par l'employeur							
Aide au logement plafonnée (FNAL, tous employeurs)							
Contribution solidarité autonomie							
Financement des organisations syndicales							
Taxe d'apprentissage							
Formation professionnelle							
Cotisations statutaires ou prévues conv. collective							
CSG non imposable à l'impôt sur le revenu							
CSG imposable à l'impôt sur le revenu							
CRDS imposable à l'impôt sur le revenu							
Allègement de cotisations							
TOTAL des cotisations et contributions							
Net payé en euros							
	Total versé par l'employeur			**Allègement de cotisations**			
A CONSERVER SANS LIMITATION DE DUREE							

CORRIGÉ

1) Établissement du bulletin de salaire pour le mois de juillet N.

Annexe 1 - BULLETIN DE PAIE DE JUILLET N						
EMPLOYEUR :			**SALARIE :**			
Nom :	Direct énergie		***Nom et Prénom :***	Palambo Isabelle		
Adresse :	22 rue du bac		***Adresse :***	12 rue des St pères - Paris		
CP et Ville :	75007 Paris		***Numéro SS :***			
Numéro APE et ou SIRET :			***Emploi :***	Assistante comptable		
URSSAF :				Contrat professionnalisation		
Salaire de base	151,67	11,21 €	1 700,00 €			
		SALAIRE BRUT	**1 700,00 €**			
COTISATIONS	**PART SALARIALE**			**PART PATRONALE**		
	Base	**Taux**	**Montant**	**Base**	**Taux**	**Montant**
Santé						
Maladie, maternité, invalidité, décès	1 700,00 €	0,00%	0,00 €	201,53 €	12,89%	25,98 €
Complémentaire santé			20,00 €			20,00 €
Cotisation patronale frais de santé imposable						20,00 €
Accidents du travail et maladies professionnelles				1 700,00 €	2,00%	34,00 €
Retraite						
Sécurité sociale plafonnée	1 700,00 €	6,90%	117,30 €	201,53 €	8,55%	17,23 €
Sécurité sociale déplafonnée	1 700,00 €	0,40%	6,80 €	201,53 €	1,90%	3,83 €
Complémentaire tranche A - ARRCO (cadre ou non)	1 700,00 €	3,10%	52,70 €	1 700,00 €	4,65%	79,05 €
AGFF tranche A	1 700,00 €	0,80%	13,60 €	1 700,00 €	1,20%	20,40 €
Famille sécurité sociale						
Allocations familiales				201,53 €	5,25%	10,58 €
Assurance chômage						
Tranche A				1 700,00 €	4,05%	68,85 €
Tranche AGS (FNGS)				1 700,00 €	0,15%	2,55 €
Autres contributions dues par l'employeur						
Aide au logement plafonnée (FNAL, tous employeurs)				1 700,00 €	0,10%	1,70 €
Contribution solidarité autonomie				1 700,00 €	0,30%	5,10 €
Financement des organisations syndicales				1 700,00 €	0,016%	0,27 €
Taxe d'apprentissage				1 700,00 €	0,68%	11,56 €
Formation professionnelle				1 700,00 €	0,55%	9,35 €
Cotisations statutaires ou prévues conv. collective						
CSG non imposable à l'impôt sur le revenu	1 690,25 €	6,80%	114,94 €			
CSG imposable à l'impôt sur le revenu	1 690,25 €	2,40%	40,57 €			
CRDS imposable à l'impôt sur le revenu	1 690,25 €	0,50%	8,45 €			
Allègement de cotisations						
		TOTAL des cotisations et contributions	**374,35 €**			**330,45 €**
		Net payé en euros	**1 325,65 €**			
	Total versé par l'employeur			**Allègement de cotisations**		
	2 030,45 €			**428,41**		
A CONSERVER SANS LIMITATION DE DUREE						

1. 201,53 € = 1700 € - 1498,47 €.

2) Comptabilisation du bulletin de salaire.

1re étape : comptabilisation de la rémunération brute

	31/07/N		
641 000	Rémunération du personnel	1 700,00	
421 000	Personnel, rémunération due		1 700,00
	Salaire contrat professionnalisation		

2e étape : comptabilisation des cotisations sociales salariales

	31/07/N		
421 000	Personnel, rémunération due	374,35	
431 000	Sécurité sociale (URSSAF et chômage)		288,05
437 200	Caisse retraite non cadre		66,30
437 400	Complémentaire santé		20,00
	Cotisations salariales		

3e étape : comptabilisation des charges sociales patronales

	31/07/N		
645 000	Charges de sécurité sociale et prévoyance	309,27	
631 000	Impôts taxes et versements assimilés rémunération	21,18	
431 000	Sécurité sociale (URSSAF et chômage)		169,82
437 200	Caisse de retraite non cadre		99,45
437 400	Complémentaire santé		40,00
437 500	Autres organismes		21,18
	Cotisations patronales		

4e étape : comptabilisation du paiement du salaire net

	31/07/N		
421 000	Personnel, rémunération due	1 325,65	
512 000	Banque		1 325,65
	Versement salaire net		

5e étape : comptabilisation du paiement des cotisations sociales salariales ET patronales

	31/08/N		
431 000	Sécurité sociale (URSSAF et chômage)	457,87	
437 200	Caisse de retraite non cadre	165,75	
437 400	Complémentaire santé	60,00	
437 500	Autres organismes	21,18	
512 000	Banque		704,80
	Versement cotisations salariales ET patronales		

APPLICATION 3 : LA PAIE D'UN STAGIAIRE

Furtado Valérie effectue un stage marketing de 3 mois dans une entreprise.

Ce stage est effectué à temps complet sur la base de 154 heures par mois.

L'université, dans laquelle elle poursuit ses études, assure la couverture « accident du travail » des stagiaires.

D'autre part, l'entreprise lui verse une gratification horaire de 6 €.

Travail à faire :

1) Établissez son bulletin de salaire (annexe 1) pour le mois de juillet N, sachant qu'elle a commencé son stage le lundi 01er juillet N.

2) Comptabilisez le bulletin de salaire.

ANNEXE 1 - BULLETIN DE GRATIFICATION DE JUILLET N - Stagiaire			
EMPLOYEUR :		**SALARIE :**	
Nom :	**Direct énergie**	***Nom et Prénom :***	Furtadot Valérie
Adresse :	22 rue du bac	***Adresse :***	24 rue de Paris - Bagneux
CP et Ville :	75007 Paris	***Numéro SS :***	-
Numéro APE et ou SIRET :		***Convention collective :***	
URSSAF :		***Emploi :***	Stagiaire marketing

Salaire de base						
SALAIRE BRUT						
COTISATIONS	**PART SALARIALE**			**PART PATRONALE**		
	Base	**Taux**	**Montant**	**Base**	**Taux**	**Montant**
Santé						
Maladie, maternité, invalidité, décès						
Complémentaire santé						
Accidents du travail et maladies professionnelles						
Retraite						
Sécurité sociale plafonnée						
Sécurité sociale déplafonnée						
Famille sécurité sociale						
Assurance chômage						
Tranche A et B						
Tranche AGS (FNGS)						
AGFF tranche A						
Autres contributions dues par l'employeur						
Aide au logement plafonnée (FNAL, tous employeurs)						
Contribution solidarité autonomie						
Versement transport (entreprise d'au moins 10 salariés)						
Cotisations statutaires ou prévues conv. collective						
CSG non imposable à l'impôt sur le revenu						
CSG imposable à l'impôt sur le revenu						
CRDS imposable à l'impôt sur le revenu						
Allègement de cotisations						
TOTAL des cotisations et contributions						
Net payé en euros						
	Total versé par l'employeur			**Allègement de cotisations**		
A CONSERVER SANS LIMITATION DE DUREE						

CORRIGÉ

1) Établissement du bulletin de salaire pour le mois de juillet N.

ANNEXE 1 - BULLETIN DE GRATIFICATION DE JUILLET N - Stagiaire			
EMPLOYEUR :		**SALARIE :**	
Nom :	**Direct énergie**	***Nom et Prénom :***	Furtadot Valérie
Adresse :	22 rue du bac	***Adresse :***	24 rue de Paris - Bagneux
CP et Ville :	75007 Paris	***Numéro SS :***	-
Numéro APE et ou SIRET :		***Convention collective :***	
URSSAF :		***Emploi :***	Stagiaire marketing

Salaire de base	154	6,00 €	924,00 €
		SALAIRE BRUT	**924,00 €**

COTISATIONS	**PART SALARIALE**			**PART PATRONALE**		
	Base	**Taux**	**Montant**	**Base**	**Taux**	**Montant**
Santé						
Maladie, maternité, invalidité, décès[1]				346,50 €	12,89%	44,66 €
Complémentaire santé						
Accidents du travail et maladies professionnelles				346,50 €	2,00%	6,93 €
Retraite						
Sécurité sociale plafonnée[1]	346,50 €	6,90%	23,91 €	346,50 €	8,55%	29,63 €
Sécurité sociale déplafonnée	346,50 €	0,40%	1,39 €	346,50 €	1,90%	6,58 €
Famille sécurité sociale				346,50 €	1,90%	6,58 €
Assurance chômage						
Tranche A et B				0,00 €	4,05%	0,00 €
Tranche AGS (FNGS)				0,00 €	0,15%	0,00 €
AGFF tranche A				0,00 €	1,20%	0,00 €
Autres contributions dues par l'employeur						
Aide au logement plafonnée (FNAL, tous employeurs)				346,50 €	0,10%	0,35 €
Contribution solidarité autonomie				346,50 €	0,30%	1,04 €
Versement transport (entreprise d'au moins 10 salariés)						
Cotisations statutaires ou prévues conv. collective						
CSG non imposable à l'impôt sur le revenu[2]	340,44 €	6,80%	23,15 €			
CSG imposable à l'impôt sur le revenu[2]	340,44 €	2,40%	8,17 €			
CRDS imposable à l'impôt sur le revenu[2]	340,44 €	0,50%	1,70 €			
Allègement de cotisations						
		TOTAL des cotisations et contributions	**58,32 €**			**95,77 €**
		Net payé en euros	**865,68 €**			
	Total versé par l'employeur			**Allègement de cotisations**		
	1 019,77 €			**190,81**		
A CONSERVER SANS LIMITATION DE DUREE						

1. Le salaire brut dépassant le minimum de gratification : 346,50 € = 924,00 – 577,50.
2. 340,44 € = 346,50 € × 98,25%.

2) Comptabilisation du bulletin de salaire.

1re étape : comptabilisation de la gratification brute

	31/05/N		
641 000	Rémunération du personnel	924,00	
421 000	Personnel, rémunération due		924,00
	Gratification brute stagiaire		

2e étape : comptabilisation des cotisations sociales salariales

	31/05/N		
421 000	Personnel, rémunération due	58,32	
431 000	Sécurité sociale (URSSAF et chômage)		58,32
	Cotisations salariales		

3e étape : comptabilisation des charges sociales patronales

	31/05/N		
645 000	Charges de sécurité sociale et prévoyance	95,77	
431 000	Sécurité sociale (URSSAF et chômage)		95,77
	Cotisations patronales		

4e étape : comptabilisation du paiement du salaire net

	31/05/N		
421 000	Personnel, rémunération due	865,68	
512 000	Banque		865,68
	Versement gratification nette		

5e étape : comptabilisation du paiement des cotisations sociales salariales ET patronales

	30/06/N		
431 000	Sécurité sociale (URSSAF et chômage)	154,09	
512 000	Banque		154,09
	Versement cotisations salariales ET patronales		

Fiche 6
Les absences non rémunérées par l'employeur

Définition

Les absences d'un personnel d'entreprise s'analysent sur quatre plans :
- la raison.
- La cause.
- Le nombre.
- Le coût.

Certaines sont justifiées donc rémunérées, d'autres injustifiées ne le seront pas.

Objectif

Puisque les absences « coûtent » du fait du remplacement de l'absent, il faut en connaître l'origine afin qu'elles ne se reproduisent pas. On peut alors en minimiser le coût, et ne pas rémunérer celles qui sont injustifiées (dans le respect de la loi).

I. Les différents types d'absences non rémunérées par l'employeur

Les absences constituent en général une suspension du contrat de travail.

Les absences justifiées et autorisées sont appelées « congés ». Elles sont en général rémunérées par l'employeur ou par un organisme social. Mais elles peuvent aussi entraîner une diminution du salaire, parfois compensée par l'employeur ou un organisme social.

Congés non rémunérés par l'employeur (sauf convention collective)
Congé pour accident du travail
Congé maladie
Congé maternité, paternité, adoption
Congé pour accompagnement d'une personne en fin de vie
Congé de solidarité
Congé sabbatique
Mandat public ou professionnel
Congé pour création d'entreprise

Une absence non justifiée et non autorisée peut entraîner la rupture du contrat de travail. Elle entraîne une retenue sur salaire.

La grève est une absence autorisée mais non rémunérée.

II. La retenue pour absence

La retenue pour absence doit être proportionnelle à la durée de l'absence. Compte tenu des différentes unités de temps de travail (qui peut être mensuel, hebdomadaire, à la journée, à l'heure), il existe différentes méthodes de valorisation des retenues pour absences.

Les méthodes de retenue pour absence sur les bases de l'horaire mensuel moyen, des jours ouvrés, des jours ouvrables peuvent être appliquées à condition qu'elles soient plus avantageuses que la méthode basée sur l'horaire réel.

A. Le principe de la retenue sur salaire

La retenue pour absence est proportionnelle à la durée de l'absence, d'où la valorisation suivante :

$$\textbf{Retenue pour absence} = \textbf{Durée de l'absence} \times \frac{\textbf{Salaire du mois}}{\textbf{Durée mensuelle du travail}}$$

B. La méthode de retenue sur la base de l'horaire réel

Cette méthode est la seule méthode reconnue par la Cour de cassation.

$$\textbf{Retenue pour absence} = \textbf{Nombre d'heures d'absence} \times \frac{\textbf{Salaire du mois}}{\textbf{Nombre d'heures réel de travail du mois}}$$

Exemple

Mme Fada Marie est employée au sein de la société Tagala. Son contrat de travail est à durée indéterminée sur la base de 35 heures par semaine pour un salaire de base de 1 800 € brut par mois. Le nombre d'heures réel de travail pour le mois de juin N est de 154 heures et elle n'a pas justifié trois jours d'absence.

$$\textbf{Retenue pour absence} = \begin{array}{c}\textbf{7 heures/jour}\\ \times\ \textbf{3 jours d'absence}\end{array} \times \frac{\textbf{1 800 €}}{\textbf{154 heures de travail en juin}}$$

Retenue pour absence = 245,4545 € = **245,45 €**.

C. La méthode de retenue sur la base de l'horaire mensuel moyen

Cette méthode repose sur la durée légale de travail mensuelle moyenne, à savoir 151,67 heures de travail. Pour mémoire, cette durée est calculée de la façon suivante :

$$\begin{array}{c}\textbf{Durée légale de travail}\\ \textbf{mensuelle moyenne}\end{array} = \begin{array}{c}\text{35 heures}\\ \text{par semaine}\end{array} \times \frac{\text{52 semaines}}{\text{12 mois}} = \textbf{151,67 heures}$$

La retenue sera alors calculée ainsi.

$$\textbf{Retenue pour absence} = \begin{array}{c}\textbf{Nombre d'heures}\\ \textbf{d'absence}\end{array} \times \frac{\textbf{Salaire du mois}}{\textbf{151,67 heures}}$$

Exemple

Mme Fada Marie est employée au sein de la société Tagala. Son contrat de travail est à durée indéterminée sur la base de 35 heures par semaine pour un salaire de base de 1 800 € brut par mois. Elle a été absente trois jours en juin N sans justification.

$$\textbf{Retenue pour absence} = \begin{array}{c}\textbf{7 heures/jour}\\ \times\ \textbf{3 jours d'absence}\end{array} \times \frac{\textbf{1 800 €}}{\textbf{151,67 heures}}$$

Retenue pour absence = **249,23 € (= 21 heures × 11,87 €).**

D. La méthode de retenue sur la base des jours ouvrés

Les jours ouvrés correspondent aux jours effectivement travaillés dans une semaine. En l'absence de jours fériés dans la semaine, celle-ci compte 5 jours ouvrés.

$$\textbf{Retenue pour absence} = \textbf{Nombre de jours ouvrés d'absence} \times \frac{\textbf{Salaire du mois}}{\textbf{Nombre réel de jours ouvrés du mois}}$$

Exemple

Mme Fada Marie est employée au sein de la société Tagala. Son contrat de travail est à durée indéterminée sur la base de 35 heures par semaine pour un salaire de base de 1800 € brut par mois. Elle a été absente trois jours en juin N sans justification.

Ce mois compte 22 jours ouvrés.

$$\textbf{Retenue pour absence} = \textbf{3 jours ouvrés d'absence} \times \frac{\textbf{1 800 €}}{\textbf{22 jours ouvrés en juin}}$$

Retenue pour absence = 245,4545 € = **245,45 €**.

E. La méthode de retenue sur la base des jours ouvrables

Les jours ouvrables correspondent aux jours de la semaine à l'exception du dimanche et jours fériés. En l'absence de jours fériés dans une semaine, celle-ci compte 6 jours ouvrables.

$$\textbf{Retenue pour absence} = \textbf{Nombre de jours ouvrables d'absence} \times \frac{\textbf{Salaire du mois}}{\textbf{Nombre réel de jours ouvrables du mois}}$$

Exemple

Mme Fada Marie est employée au sein de la société Tagala. Son contrat de travail est à durée indéterminée sur la base de 35 heures par semaine pour un salaire de base de 1800 € brut par mois. Elle a été absente trois jours en juin N sans justification.

Ce mois compte 24 jours ouvrables.

$$\textbf{Retenue pour absence} = \textbf{3 jours ouvrables d'absence} \times \frac{\textbf{1800 €}}{\textbf{24 jours ouvrables en juin}}$$

Retenue pour absence = 225,00 €.

Comparons les différentes méthodes de retenue pour les absences de Mme Fada Marie.

Méthodes de retenue pour absences	Sommes retenues
Sur la base de l'horaire réel	245,45 €
Sur la base de l'horaire mensuel moyen	249,23 €
Sur la base des jours ouvrés	245,45 €
Sur la base des jours ouvrables	225,00 €

Seules les méthodes de retenue basée sur l'horaire réel (méthode légale) et sur les jours ouvrables peuvent être appliquées par l'employeur. La méthode de retenue basée sur le salaire mensuel moyen est défavorable pour Mme Fada.

L'employeur doit utiliser la méthode des jours ouvrables qui est ici la plus favorable à Mme Fada.

III. Les absences non rémunérées par l'employeur

Il s'agit principalement des absences pour accident du travail et pour maladie.

A. L'absence pour accident du travail

En cas d'accident du travail, les soins du salarié seront intégralement pris en charge (tiers payant) par sa caisse d'Assurance Maladie selon les tarifs de responsabilité.

Le salarié bénéficie d'une prise en charge à 100 % de l'ensemble des soins (médicaux, chirurgicaux, d'analyse ou de pharmacie) liés à son accident du travail, sur la base et dans la limite des tarifs de la Sécurité sociale.

Les indemnités journalières d'accident du travail (imposables à 50 % depuis le 01.01.2010) sont dues à partir du premier jour qui suit l'arrêt de travail sans distinction entre les jours ouvrables ou non ouvrables. L'indemnité journalière ne peut dépasser le montant du gain journalier net perçu par la victime et s'élève :

- pendant les 28 premiers jours à 60 % du salaire journalier de base, et au maximum à 198,81 € ;
- à compter du 29e jour à 80 % du salaire journalier de base et au maximum à 265,09 €.

L'indemnité journalière est calculée à partir du salaire brut du mois précédant l'arrêt de travail. Ce salaire (divisé par 30,42 dans la limite de 0,834 % du plafond annuel de la sécurité sociale) détermine **le salaire journalier de base.**

B. L'absence pour maladie

Si le salarié est en arrêt de travail pour maladie, il pourra percevoir des indemnités journalières de sécurité sociale pendant cet arrêt de travail, après un délai de carence de trois jours.

Sous réserve que le salarié remplisse les conditions d'ouverture de droits requises et respecte les formalités qui lui incombent, la caisse d'Assurance Maladie lui versera (ou à l'employeur en cas de subrogation[1]) des indemnités journalières pendant son arrêt de travail pour maladie, à partir du 4e jour d'arrêt de travail.

Si l'arrêt de travail est inférieur à 6 mois

Pour avoir droit aux indemnités journalières de Sécurité sociale (« IJSS ») pendant son arrêt de travail pour maladie, le salarié doit justifier :

- Avoir travaillé au moins 150 heures au cours des trois derniers mois civils précédant l'arrêt de travail, ou avoir cotisé sur un salaire au moins égal à 1 015 fois le montant du SMIC horaire au cours des six mois civils précédant l'arrêt de travail.
- **Ou**, à défaut, en cas d'activité à caractère saisonnier ou discontinu, avoir travaillé au moins 600 heures ou avoir cotisé sur un salaire au moins égal à 2 030 fois le montant du SMIC horaire, au cours des 12 mois civils ou des 365 jours précédant l'arrêt de travail.

Si l'arrêt de travail se prolonge sans interruption au-delà de 6 mois

Pour continuer à avoir droit aux indemnités journalières de Sécurité sociale lorsque son arrêt de travail pour maladie se prolonge sans interruption au-delà de 6 mois, le salarié doit justifier :

- De douze mois d'immatriculation en tant qu'assuré(e) social(e) à la date de son arrêt de travail.
- Et avoir travaillé au moins 600 heures au cours des douze mois civils ou des 365 jours précédant l'arrêt de travail.
- **Ou** avoir cotisé sur un salaire au moins égal à 2 030 fois le montant du SMIC horaire au cours des 12 mois civils précédant l'arrêt de travail.

La durée maximale de reversement des indemnités journalières de Sécurité sociale (hors maladie de longue durée) au titre d'un ou plusieurs arrêts de travail est fixée à 360 jours par période de 3 années calculées de date à date.

---

1. Des conventions collectives, des accords de branche ou d'entreprise ou le contrat de travail peuvent prévoir le maintien du salaire par l'employeur pendant l'arrêt de travail pour maladie. Dans ce cas, l'employeur est subrogé dans les droits du salarié pour le remboursement des indemnités journalières.

Les décomptes de versement d'indemnités journalières sont à conserver sans limitation de durée comme les bulletins de salaire, car ils valident les droits à la retraite.

Les indemnités journalières dues au salarié lui sont versées par la caisse d'Assurance Maladie, pour chaque jour de l'arrêt de travail, y compris les samedis dimanches et jours fériés, mais seulement à compter du 4e jour d'arrêt de travail, après un **délai de carence de 3 jours.**

Les 3 premiers jours d'un arrêt de travail pour maladie constituent le délai de carence pendant lequel l'indemnité journalière n'est pas versée.

Le délai de carence est, sauf cas particuliers, appliqué pour chaque arrêt de travail pour maladie. En revanche, il ne s'applique ni dans le cas d'un arrêt de travail pour accident du travail ou maladie professionnelle, ni dans le cas d'un congé maternité, d'un congé de paternité et d'accueil de l'enfant ou d'un congé d'adoption.

L'indemnité journalière versée pendant un arrêt de travail pour maladie est égale à 50 % du salaire journalier de base, calculé sur la moyenne des salaires bruts (soumis à cotisations) pris en compte dans la limite de 1,8 fois le SMIC mensuel en vigueur des 3 mois qui précèdent l'arrêt de travail ou des 12 mois en cas d'activité saisonnière ou discontinue.

« L'IJSS » brute pour une journée d'arrêt se calcule ainsi :

$$\text{« IJSS » brute unitaire} = 50\,\% \times \frac{\text{Somme des 3 derniers salaires bruts (dans la limite de 1,8 fois le SMIC)}}{91{,}25^{1}}$$

1. 91,25 = (365 jours / 12 mois) x 3 mois.

Par conséquent, les « IJSS » brutes globales se calculent ainsi :

$$\text{« IJSS » brutes globales} = \text{« IJSS » brute unitaire} \times \text{(Nombre de jours calendaires de l'arrêt de travail} - \text{3 jours de carence)}$$

Les indemnités journalières versées pendant un arrêt de travail pour maladie ou affection de longue durée (« ALD ») sont totalement exonérées de l'impôt sur le revenu, tandis que celles versées au titre d'un accident de travail ne le sont qu'à 50 % (rappel).

Le montant de l'indemnité journalière maladie tout comme celui des accidents du travail est réduit de 0,5 % au titre de la contribution au remboursement de la dette sociale (CRDS) et de 6,2 % au titre de la contribution sociale généralisée (CSG).

Les « IJSS » nettes se calculent donc ainsi :

$$\text{« IJSS » nettes globales} = \text{« IJSS » brutes globales} - (\text{« IJSS » brutes globales} \times 6{,}70\,\%)$$

Les décomptes de versement d'indemnités journalières sont à conserver sans limitation de durée comme les bulletins de salaire, car ils valident les droits à la retraite.

L'indemnisation complémentaire de l'employeur

L'employeur verse une indemnité complémentaire à celle de la sécurité sociale, après un délai de carence de 4 jours (et suite au délai de carence de 3 jours pour la sécurité sociale). Son montant et son calcul dépendent de l'ancienneté du salarié dans l'entreprise.

Durée de l'ancienneté dans l'entreprise	Durée maximum de versement des indemnités
De 1 à 5 ans	60 jours (30 jours à 90 % et 30 jours à 66,66 %)
De 6 à 10 ans	80 jours (40 jours à 90 % et 40 jours à 66,66 %)
De 11 à 15 ans	100 jours (50 jours à 90 % et 50 jours à 66,66 %)
De 16 à 20 ans	120 jours (60 jours à 90 % et 60 jours 66,66 %)
De 21 à 25 ans	140 jours (70 jours à 90 % et 70 jours à 66,66 %)
De 26 à 30 ans	160 jours (80 jours à 90 % et 80 jours à 66,66 %)
31 ans et plus	180 jours (90 jours à 90 % et 90 jours à 66,66 %)

Exemple

Un salarié a une ancienneté de 3 ans dans son entreprise et est en arrêt de travail pour maladie pendant 60 jours.

Le calcul de l'indemnité complémentaire qu'il perçoit de son employeur est le suivant.

À compter du 8e jour d'arrêt et jusqu'au 30e jour inclus :

Complément employeur = **90 %** × **Rémunération brute de la période à indemniser** – **« IJSS » brutes globales de la période à indemniser**

Et à compter du 31e jour d'arrêt et jusqu'au 60e jour inclus :

Complément employeur = **66,66 %** × **Rémunération brute de la période à indemniser** – **« IJSS » brutes globales de la période à indemniser**

Des conventions collectives ou accords peuvent prévoir des indemnisations plus avantageuses.

Le versement des indemnités journalières de Sécurité sociale

Les indemnités journalières dues sont versées soit au salarié, soit à l'employeur en cas de subrogation.

Lorsque la Sécurité sociale verse les « IJSS » directement au salarié, elles n'apparaissent pas sur le bulletin de salaire, seul le complément employeur est ajouté au salaire de base après retenue pour absence.

Lorsque la Sécurité sociale verse les « IJSS » directement à l'employeur, la subrogation repose sur le fait que l'employeur maintient tout ou partie de la rémunération du salarié, soit en vertu d'un contrat individuel ou collectif de travail, soit en vertu des usages, soit de sa propre initiative.

Les « IJSS » brutes globales sont déduites du salaire brut versé par l'employeur (car non soumises à cotisations). Les « IJSS » nettes globales sont ajoutées car versées au salarié.

Exemple 1 – La Sécurité sociale verse les « IJSS » directement au salarié

Un salarié perçoit un salaire mensuel de base mensuel de 1800 € brut et a une ancienneté de 4 ans.

L'horaire de travail dans l'entreprise est de 7 heures par jour sur 5 jours ouvrés.

Il est en arrêt maladie du dimanche 02 avril N au lundi 17 avril N inclus.

La Sécurité sociale versant les « IJSS » directement au salarié, elles n'apparaissent donc pas sur le bulletin de salaire, seul le complément employeur est ajouté au salaire de base après retenue pour absence.

Le mois comporte 20 jours ouvrés et les retenues pour absence sont calculées par l'employeur selon le nombre réel de jours ouvrés. Nous retiendrons un taux moyen de cotisations de 20 % du salaire brut.

D	L	M	M	J	V	S	D	L	M	M	J	V	S	D	L
02	03	04	05	06	07	08	09	10	11	12	13	14	15	16	17
3 jours de carence Sécurité sociale			4 jours de carence employeur				Pendant les 9 jours restants								
↓			↓				↓								
Aucun salaire			Versement des « IJSS » uniquement				Versement des « IJSS » + indemnisation complémentaire employeur								

➡ **L'indemnisation Sécurité sociale**

« L'IJSS » brute pour une journée d'arrêt est de :

$$\textbf{« IJSS » brute unitaire} = \textbf{50 \%} \times \frac{\textbf{Somme des 3 derniers salaires bruts (dans la limite de 1,8 fois le SMIC)}}{\textbf{91,25}}$$

$$\text{«IJSS» brute unitaire} = 50\% \times \frac{1800 \times 3 \text{ mois}}{91,25} = 29,589 = \mathbf{29,59\ €}$$

Par conséquent, les « IJSS » brutes globales sont de :

« IJSS » brutes globales = **« IJSS » brute unitaire** × **(Nombre de jours calendaires de l'arrêt de travail – 3 jours de carence)**

« IJSS » brutes globales = 29,59 € × (16 – 3 jours de carence) = **384,67 €**

OU

« IJSS » brutes globales = (29,59 € × 4 jours) + (29,59 € × 9 jours)

« IJSS » brutes globales = 118,36 € + 266,31 € = **384,67 €**

Et les « IJSS » nettes versées par la Sécurité sociale sont de :

« IJSS » nettes globales = « IJSS » brutes globales – (« IJSS » brutes globales × 6,70 %)

« IJSS » nettes globales versées par la **Sécurité sociale** = 384,67 € – (384,67 € × 6,70 %) = **358,90 €**

➡ L'indemnisation complémentaire employeur

Sur la période du dimanche 09 au 17 avril N, le salaire brut aurait été de :

$$\text{Salaire brut sur la période} = 6 \text{ jours ouvrés} \times \frac{1800\ €}{20 \text{ jours}} = \mathbf{540\ €}$$

D'où l'indemnisation complémentaire de l'employeur :

Salaire brut sur la période = 90 % × 540 € – (29,59 € × 9 jours) = **219,69 €**

Et le salaire net versé par l'employeur au salarié sera de 823,75 €, calculé ainsi :

Salaire de base	1 800,00	
– Retenues pour absence	–990,00	= 1800 € × (11 / 20 jours ouvrés)
+ Complément employeur	+219,69	
= **Salaire brut**	**1 029,69**	
– Cotisations sociales (20 %)	–205,94	= **1 029,69**× 20 %
= **Salaire net**	**823,75**	

Le salarié touchera de son employeur un salaire net de 823,75 € et de la part de la Sécurité sociale 358,90 €, soit un total de 1 182,65 €.

Exemple 2

La Sécurité sociale verse les « IJSS » directement à l'employeur dans le cas de la subrogation

Reprenons l'exemple du salarié qui perçoit un salaire mensuel de base mensuel de 1 800 €.

Il est en arrêt maladie du dimanche 02 avril N au lundi 17 avril N inclus. Le mois comporte 20 jours ouvrés et les retenues pour absence sont calculées selon le nombre réel de jours ouvrés. Nous retiendrons un taux moyen de cotisations de 20 % du salaire brut.

La subrogation s'applique de plein droit. Une convention collective prévoit le maintien du salaire à 100 % avec un délai de carence employeur de 2 jours.

D	L	M	M	J	V	S	D	L	M	M	J	V	S	D	L
02	03	04	05	06	07	08	09	10	11	12	13	14	15	16	17
Sur 3 jours de carence Sécurité sociale, et 2 jours de carence employeur															
↓			↓												
Aucun salaire			Versement du salaire par l'employeur												

Le salaire net versé par l'employeur au salarié sera de 1 347,14 € calculé ainsi :

Salaire de base	1 800,00	
– Retenues pour absence	–180,00	= 1 800 € × (02 / 20 jours ouvrés)
– « IJSS » brutes globales	–384,67	= 29,59 × (16 jours calendaires – 3 jours carence)
= Salaire brut	**1 235,33**	
– Cotisations sociales (20 %)	–247,07	= 1 235,33 × 20 %
+ « IJSS » nettes	+358,90	= 384,67– (384,67× 6,70 %)
= Salaire net	**1 347,16**	= 1 235,33 – 247,07 + 358,90

Remarques :

L'employeur peut ne pas déduire les « IJSS » le mois de l'arrêt mais seulement le mois où il les perçoit de la Sécurité sociale.

Lorsqu'un accord collectif ou individuel prévoit le maintien de salaire à 100 %, le salarié en arrêt de travail peut percevoir un salaire net plus élevé que s'il avait travaillé. Ceci s'explique par le faible taux de cotisations supporté par les « IJSS ».

Pour éviter cela, l'employeur peut appliquer la méthode du « maintien du salaire net ».

IV. Les congés non rémunérés par l'employeur

Il existe d'autres congés non rémunérés pour lesquels nous ne présenterons pas le détail.

A. Le congé maternité

La salariée est enceinte. À cette occasion, elle bénéficie d'un congé maternité.

Le congé maternité comprend un congé prénatal (avant la date présumée de l'accouchement) et un congé postnatal (après l'accouchement). Sa durée varie selon le nombre d'enfants attendus et le nombre d'enfants déjà à charge.

Sous réserve de remplir les conditions requises, la salariée pourra percevoir des indemnités journalières pendant toute la durée du congé maternité. Elles sont égales au gain journalier de base calculé à partir des gains des trois mois précédant l'arrêt de travail, dans la limite du plafond de sécurité sociale, diminué de la part salariale des cotisations d'origine légale et conventionnelle et de la CSG.

B. Le congé d'adoption

À l'occasion de l'adoption d'un enfant, le salarié bénéficie d'un congé d'adoption.

La durée du congé d'adoption varie selon le nombre d'enfants adoptés et le nombre d'enfants à charge, et selon qu'il est partagé ou non entre les parents adoptifs.

Sous réserve de remplir les conditions requises, il pourra percevoir des indemnités journalières pendant toute la durée de ce congé. Elles sont calculées de la même façon que l'indemnité journalière versée pendant le congé maternité.

L'indemnité journalière est égale au gain journalier de base, calculé sur les salaires[1] des 3 mois qui précèdent le congé d'adoption, ou des 12 mois en cas d'activité saisonnière ou discontinue.

C. Le congé de paternité et d'accueil de l'enfant

Après la naissance de son enfant ou de celui de sa conjointe ou partenaire PACS, ou de la personne vivant maritalement avec lui, le salarié peut bénéficier d'un congé de paternité et d'accueil de l'enfant.

Le congé de paternité et d'accueil de l'enfant est ouvert à tout salarié quelle que soit son ancienneté ou la nature de son contrat de travail (CDI, CDD, temps partiel, intérimaire, saisonnier,...) à l'occasion de la naissance d'un enfant:

1. Salaires soumis à cotisations, pris en compte dans la limite du plafond mensuel de la sécurité sociale en vigueur au 1er janvier de l'année en cours et diminués d'un taux forfaitaire de 21 %, représentatif de la part salariale des cotisations et contributions d'origine légale ou conventionnelle rendues obligatoires par la loi.

- S'il est le père de l'enfant (quelle que soit sa situation familiale : mariage, pacte civil de solidarité (PACS), union libre, divorce ou séparation) ou, dans le cas contraire s'il n'est pas le père, s'il est marié à la mère ou lié à elle par un PACS ou qu'il vit maritalement avec elle, dès lors qu'il peut produire la ou les pièces justificatives dont la liste est fixée par arrêté.
- Quel que soit le lieu de naissance ou de résidence de l'enfant (en France ou à l'étranger), et que l'enfant soit ou non à sa charge.

La durée légale du congé de paternité et d'accueil de l'enfant est de 11 jours pour la naissance d'un enfant, et de 18 jours en cas de naissance multiple.

Le congé de paternité et d'accueil de l'enfant doit débuter dans les 4 mois qui suivent la naissance de l'enfant. Il s'ajoute aux 3 jours d'absence autorisée accordés par l'employeur pour une naissance.

Sous réserve que le salarié remplisse les conditions requises, sa caisse d'Assurance Maladie lui versera (ou à l'employeur en cas de subrogation) des indemnités journalières pendant toute la durée de son congé de paternité et d'accueil de l'enfant.

L'indemnité journalière versée pendant le congé de paternité et d'accueil de l'enfant est calculée de la même façon que l'indemnité journalière versée pendant le congé maternité. Elle est égale au gain journalier de base, calculé sur les salaires[1] des 3 mois qui précèdent le congé de paternité et d'accueil de l'enfant, ou des 12 mois en cas d'activité saisonnière ou discontinue.

D. Le congé de solidarité familiale

Le congé de solidarité familiale permet au salarié d'assister un proche gravement malade. Ce congé n'est en principe pas rémunéré par l'employeur, mais l'Assurance Maladie peut verser une allocation journalière d'accompagnement d'une personne en fin de vie pendant 21 jours au cours de ce congé.

Tout salarié peut bénéficier d'un congé de solidarité familiale[2] pour assister un proche souffrant d'une pathologie mettant en jeu le pronostic vital ou qui est en phase avancée ou terminale d'une affection grave et incurable quelle qu'en soit la cause (article L3142-16 du code du travail).

Ce proche peut être un ascendant ou un descendant, un frère ou une sœur, une personne vivant au même domicile (conjoint, concubin, partenaire lié par un PACS...) ou une personne l'ayant désigné comme personne de confiance (qui peut être un parent, un proche ou le médecin traitant). Cette désignation est faite par écrit et est révocable à tout moment.

1. Salaires soumis à cotisations, pris en compte dans la limite du plafond mensuel de la sécurité sociale en vigueur au 1er janvier de l'année en cours et diminués d'un taux forfaitaire de 21 %, représentatif de la part salariale des cotisations et contributions d'origine légale ou conventionnelle rendues obligatoires par la loi.
2. Ce dispositif n'est pas applicable à Mayotte.

Seul l'employeur, par le biais de la convention collective, peut décider de rémunérer le congé de solidarité familiale. La loi du 2 mars 2010 prévoit le versement, par l'Assurance Maladie, d'une allocation journalière d'accompagnement d'une personne en fin de vie, aux salariés en congé de solidarité familiale sur une période de 21 jours maximum (ou de 42 jours maximum si le congé de solidarité est transformé en période d'activité à temps partiel).

E. Le congé pour accompagnement d'une personne en fin de vie

Certaines dispositions[1] prévoient le versement, par l'Assurance Maladie, d'une allocation journalière d'accompagnement d'une personne en fin de vie (« AJAP ») aux salariés en congé de solidarité familiale, ou l'ayant transformé en période d'activité à temps partiel, pour accompagner à domicile un proche en phase avancée ou terminale d'une affection grave et incurable, quelle qu'en soit la cause.

Le salarié en congé de solidarité familiale (ou l'ayant transformé en activité à temps partiel) qui souhaite bénéficier de l'allocation d'accompagnement doit compléter un formulaire nommé « Demande d'allocation journalière d'accompagnement à domicile d'une personne en fin de vie » puis l'adresser à sa caisse d'Assurance Maladie, accompagnée d'une attestation de son employeur.

L'allocation est versée directement au salarié par sa caisse d'Assurance Maladie (jamais à l'employeur) même en cas de maintien du salaire total ou partiel.

Elle est versée pendant 21 jours maximum (ouvrables ou non) pour un temps complet et pendant 42 jours maximum pour un temps partiel.

Cette allocation cesse d'être versée le lendemain du décès de la personne accompagnée.

1. Ces dispositions ne sont pas applicables à Mayotte.

APPLICATION 1 : LES MÉTHODES DE RETENUE POUR ABSENCE

Mme Jamet Manon est employée au sein de la société Kavala (entreprise de 22 salariés). Son contrat de travail est à durée indéterminée sur la base de 35 heures par semaine pour un salaire de base de 2 500 € brut par mois.

Travail à faire :

1) Complétez le relevé d'heures (annexe 1) pour le mois de janvier N.

2) Calculez le nombre de jours ouvrés et ouvrables pour le mois de janvier N.

3) Calculez sa rémunération brute du mois de janvier N, compte tenu des heures supplémentaires tout en valorisant les absences selon les méthodes :

- De retenue sur la base de l'horaire réel.
- De retenue sur la base de l'horaire mensuel moyen.
- De retenue sur la base des jours ouvrés.
- De retenue sur la base des jours ouvrables.

Annexe 1 – Relevés d'heures de Mme Jamet (janvier N)

Semaine 01 – du 30/12/N – 1 au 05/01/N

Jour	Heures théoriques de travail	Heures de travail effectif	Heures normales	Heures sup à 25 %	Heures sup à 50 %	Raison
Lundi	07 h	07 h				
Mardi	07 h	07 h				
Mercredi	07 h	00 h				1er janvier, chômé
Jeudi	07 h	09 h				
Vendredi	07 h	09 h				
Total	35 h	**32 h**				

Semaine 02 – du 06/01 au 12/01/N

Jour	Heures théoriques de travail	Heures de travail effectif	Heures normales	Heures sup à 25 %	Heures sup à 50 %	Raison
Lundi	07 h	10 h				
Mardi	07 h	09 h				
Mercredi	07 h	08 h				
Jeudi	07 h	00 h				Absence injustifiée
Vendredi	07 h	07 h				
Total	35 h	**34 h**				

Semaine 03 – du 13/01 au 19/01/N

Jour	Heures théoriques de travail	Heures de travail effectif	Heures normales	Heures sup à 25 %	Heures sup à 50 %	Raison
Lundi	07 h	08 h				
Mardi	07 h	08 h				
Mercredi	07 h	08 h				
Jeudi	07 h	08 h				
Vendredi	07 h	07 h				
Total	35 h	**39 h**				

Semaine 04 – du 20/01 au 26/01/N

Jour	Heures théoriques de travail	Heures de travail effectif	Heures normales	Heures sup à 25 %	Heures sup à 50 %	Raison
Lundi	07 h	00 h				Absence injustifiée
Mardi	07 h	07 h				
Mercredi	07 h	07 h				
Jeudi	07 h	07 h				
Vendredi	07 h	07 h				
Total	35 h	**28 h**				

Semaine 05 – du 27/01 au 02/02/N

Jour	Heures théoriques de travail	Heures de travail effectif	Heures normales	Heures sup à 25 %	Heures sup à 50 %	Raison
Lundi	07 h	07 h				
Mardi	07 h	07 h				
Mercredi	07 h	07 h				
Jeudi	07 h	07 h				
Vendredi	07 h	00 h				Événement familial[1]
Total	35 h	**35 h**				

1. Les absences pour événements familiaux (mariage du salarié, naissance d'un enfant pour le père, mariage de l'enfant du salarié, décès du conjoint, décès des parents et des beaux-parents, décès de l'enfant du salarié) sont expressément assimilées à du travail effectif pour la détermination des heures supplémentaires.

CORRIGÉ

1) Relevés d'heures complétés pour le mois de janvier N.

Annexe 1 – Relevés d'heures de Mme Jamet (janvier N)

Semaine 01 – du 30/12/N – 1 au 05/01/N

Jour	Heures théoriques de travail	Heures de travail effectif	Heures normales	Heures sup à 25 %	Heures sup à 50 %	Raison
Lundi	07 h	07 h	07 h			
Mardi	07 h	07 h	07 h			
Mercredi	07 h	00 h	07 h			1er janvier, chômé
Jeudi	07 h	09 h	07 h	02 h		
Vendredi	07 h	09 h	07 h	02 h		
Total	35 h	**32 h**	35 h	04 h		

Semaine 02 – du 06/01 au 12/01/N

Jour	Heures théoriques de travail	Heures de travail effectif	Heures normales	Heures sup à 25 %	Heures sup à 50 %	Raison
Lundi	07 h	10 h	07 h	03 h		
Mardi	07 h	09 h	07 h	02 h		
Mercredi	07 h	08 h	07 h	01 h		
Jeudi	07 h	00 h	00 h			Absence injustifiée
Vendredi	07 h	07 h	07 h			
Total	35 h	**34 h**	28 h	06 h		

Semaine 03 – du 13/01 au 19/01/N

Jour	Heures théoriques de travail	Heures de travail effectif	Heures normales	Heures sup à 25 %	Heures sup à 50 %	Raison
Lundi	07 h	08 h	07 h	01 h		
Mardi	07 h	08 h	07 h	01 h		
Mercredi	07 h	08 h	07 h	01 h		
Jeudi	07 h	08 h	07 h	01 h		
Vendredi	07 h	07 h	07 h			
Total	35 h	**39 h**	35 h	04 h		

Semaine 04 – du 20/01 au 26/01/N

Jour	Heures théoriques de travail	Heures de travail effectif	Heures normales	Heures sup à 25 %	Heures sup à 50 %	Raison
Lundi	07 h	00 h	00 h			Absence injustifiée
Mardi	07 h	07 h	07 h			
Mercredi	07 h	07 h	07 h			
Jeudi	07 h	07 h	07 h			
Vendredi	07 h	07 h	07 h			
Total	35 h	**28 h**	28 h			

Semaine 05 – du 27/01 au 02/02/N

Jour	Heures théoriques de travail	Heures de travail effectif	Heures normales	Heures sup à 25 %	Heures sup à 50 %	Raison
Lundi	07 h	07 h	07 h			
Mardi	07 h	07 h	07 h			
Mercredi	07 h	07 h	07 h			
Jeudi	07 h	07 h	07 h			
Vendredi	07 h	00 h	07 h			Événement familial[1]
Total	35 h	**35 h**	35 h			

1. Les absences pour événements familiaux sont expressément assimilées à du travail effectif pour la détermination des heures supplémentaires.

Le total d'heures normales est de 161 heures (= 35 + 28 + 35 + 28 + 35).
Le total d'heures supplémentaires (rémunérées à 125 %) est de 14 heures.

2) Calculs du nombre de jours ouvrés et ouvrables pour le mois de janvier N.
Le nombre de jours ouvrés en janvier N est de 23 jours.
Le nombre de jours ouvrables en janvier est de 28 jours.

3) Calculs de la rémunération brute du mois de janvier N.

Selon la méthode de retenue sur la base de l'horaire réel.

$$\textbf{Retenue pour absence} = \textbf{7 heures/jour} \times \textbf{2 jours d'absence} \times \frac{\textbf{2 500 €}}{\textbf{161 heures de travail en janvier}}$$

Retenue pour absence = 217,3913 € = **217,39 €.**

Salaire de base	2 500,00	
+ Heures supplémentaires (25 %)	+288,46	(2 500/151,67) × 1,25 × 14
– Retenue pour absence	-217,39	
= **Salaire brut du mois de Janvier N**	**2 571,07**	

Selon la méthode de retenue sur la base de l'horaire mensuel moyen.

$$\textbf{Retenue pour absence} = \textbf{7 heures/jour} \times \textbf{2 jours d'absence} \times \frac{\textbf{2 500 €}}{\textbf{151,67 heures}}$$

Retenue pour absence = 230,7641 € = **230,76 €.**

Salaire de base	2 500,00	
+ Heures supplémentaires (25 %)	+288,46	(2 500/151,67) × 1,25 × 14
– Retenue pour absence	-230,76	
= **Salaire brut du mois de Janvier N**	2 557,70	

Selon la méthode de retenue sur la base des jours ouvrés.

$$\textbf{Retenue pour absence} = \textbf{2 jours ouvrés d'absence} \times \frac{\textbf{2 500 €}}{\textbf{23 jours ouvrés en janvier N}}$$

Retenue pour absence = 217,3913 € = **217,39** €.

Salaire de base	2 500,00	
+ Heures supplémentaires (25 %)	+288,46	(2 500/151,67) × 1,25 × 14
– Retenue pour absence	-217,39	
= **Salaire brut du mois de Janvier N**	2 571,07	

Selon la méthode de retenue sur la base des jours ouvrables.

$$\textbf{Retenue pour absence} = \textbf{2 jours ouvrables d'absence} \times \frac{\textbf{2 500 €}}{\textbf{28 jours ouvrables en janvier N}}$$

Retenue pour absence = 178,5714 € = **178,57** €.

Salaire de base	2 500,00	
+ Heures supplémentaires (25 %)	+288,46	(2 500/151,67) × 1,25 × 14
- Retenue pour absence	-178,57	
= **Salaire brut du mois de Janvier N**	2 609,89	

L'entreprise choisissant la méthode de retenue sur salaire la plus avantageuse pour l'employé, elle appliquera ici celle calculée sur la base des jours **ouvrables.** L'employé percevra 2 609,89 € diminués des charges sociales salariales.

APPLICATION 2 – LES ABSENCES POUR MALADIE

Mme Jamet Manon est employée au sein de la société Kavala (entreprise de 22 salariés). Son contrat de travail est à durée indéterminée sur la base de 35 heures par semaine pour un salaire de base de 2 000 € brut par mois. Elle travaille depuis 3 ans dans l'entreprise et son salaire est inchangé depuis un an.

Elle a été malade 15 jours calendaires dans le mois de juin N (du lundi 16 au lundi 30 juin inclus). L'employeur verse une indemnité complémentaire à celle de la sécurité sociale à l'issue du délai de carence de 3 jours.

Les jours ouvrés sur cette période sont au nombre de 11 alors que le mois totalise 21 jours ouvrés.

Un complément santé payé par la salariée est de 20 €. Ce complément santé est payé par l'employeur pour 20 €, majoré de 20 € imposable.

Travail à faire :

1) Présentez tous les calculs nécessaires à l'établissement du bulletin de salaire du mois de juin N, sans envisager la subrogation employeur.

2) Établissez ce bulletin de salaire en annexe 1, sachant que le taux de cotisation des accidents du travail est de 2 %.

3) Comptabilisez la paie du mois de juin N versée au salarié.

ANNEXE 1 - BULLETIN DE PAIE DU MOIS DE JUIN N

EMPLOYEUR :		**SALARIE :**	
Nom :	**Kavala**	***Nom et Prénom :***	Janet Manon
Adresse :	22 rue du puits	***Adresse :***	13 avenue Cauchy
CP et Ville :	92 330 Sceaux	***Numéro SS :***	286127508925
Numéro APE et ou SIRET :		***Convention collective :***	-
URSSAF :		***Emploi :***	Employée de bureau

Salaire de base			
Retenues (congés maladie)			
Complément employeur			
SALAIRE BRUT			

COTISATIONS	**PART SALARIALE**			**PART PATRONALE**		
	Base	**Taux**	**Montant**	**Base**	**Taux**	**Montant**
Santé						
Maladie, maternité, invalidité, décès						
Complémentaire santé						
Cotisation patronale frais de santé imposable						
Accidents du travail et maladies professionnelles						
Retraite						
Sécurité sociale plafonnée						
Sécurité sociale déplafonnée						
Complémentaire tranche A - ARRCO (cadre ou non)						
AGFF tranche A						
Supplémentaire						
Famille sécurité sociale (allocations familiales)						
Assurance chômage						
Tranche A						
Tranche AGS (FNGS)						
Autres contributions dues par l'employeur						
Aide au logement plafonnée (FNAL, tous employeurs)						
Aide au logement plafonnée (FNAL, 20 salariés et plus)						
Contribution solidarité autonomie						
Financement des organisations syndicales						
Taxe d'apprentissage						
Formation professionnelle						
Versement transport (entreprise d'au moins 10 salariés)						
Cotisations statutaires ou prévues conv. collective						
CSG non imposable à l'impôt sur le revenu						
CSG imposable à l'impôt sur le revenu						
CRDS imposable à l'impôt sur le revenu						
Allègement de cotisations						
TOTAL des cotisations et contributions						
Net payé en euros						
	Total versé par l'employeur			**Allègement de cotisations**		

A CONSERVER SANS LIMITATION DE DUREE

CORRIGÉ

1) Présentation des calculs nécessaires à l'établissement du bulletin de salaire du mois de juin N.

« IJSS » versées par la sécurité sociale

$$\textbf{« IJSS » brute unitaire} = \textbf{50 \%} \times \frac{2\ 000\ € \times 3 \text{ (somme 3 derniers salaires bruts dans la limite de 1,8 fois smic)}}{91,25} = \textbf{32,88 €}$$

IJSS brutes globales = IJSS brute unitaire × (nombre jours calendaires arrêt travail – 3 jours carence)

IJSS brutes globales = 32,88 × (15 – 3) = **394,56 €**

IJSS nettes globales versées Sécu soc = IJSS brutes globales – (IJSS brutes globales × 6,70 %)

IJSS nettes globales versées Sécu soc = 394,56 – (394,56 × 6,70 %) = **368,12 €**

Complément employeur

$$\textbf{Salaire brut sur période d'arrêt travail} = \frac{\text{nombre jours ouvrés x Salaire brut}}{\text{nombre jours ouvrés du mois}}$$

$$\textbf{1 047,62 €} = \frac{11 \times 2\ 000\ €}{21}$$

Salaire versé sur la période d'arrêt travail = (90 % × salaire brut versé sur période d'arrêt travail) – IJSS brutes globales versées Sécurité sociale

548,30 € = (90 % × 1 047,62) – 394,56

Salaire versé sur la période d'arrêt travail est donc de **548,30 €.**

Salaire de base	**2 000,00**	
– retenues pour absence	-1 047,62	= salaire de base × (nombre jours ouvrés de l'absence / nombre jours ouvrés du mois)
+ complément employeur	+548,30	
= **Salaire brut**	**1 500,68**	

2) Établissement du bulletin de salaire du mois de juin N.

ANNEXE 1 - BULLETIN DE PAIE DU MOIS DE JUIN N			
EMPLOYEUR :		**SALARIE :**	
Nom :	**Kavala**	***Nom et Prénom :***	Janet Manon
Adresse :	22 rue du puits	***Adresse :***	13 avenue Cauchy
CP et Ville :	92 330 Sceaux	***Numéro SS :***	286127508925
Numéro APE et ou SIRET :		***Convention collective :***	-
URSSAF :		***Emploi :***	Employée de bureau

Salaire de base	151,67	13,19 €	2 000,00 €
Retenues (congés maladie)			-1 047,62 €
Complément employeur			548,30 €
		SALAIRE BRUT	1 500,68 €

COTISATIONS	PART SALARIALE			PART PATRONALE		
	Base	**Taux**	**Montant**	**Base**	**Taux**	**Montant**
Santé						
Maladie, maternité, invalidité, décès	1 500,68 €	0,00%	0,00 €	1 500,68 €	12,89%	193,44 €
Complémentaire santé			20,00 €			20,00 €
Cotisation patronale frais de santé imposable						20,00 €
Accidents du travail et maladies professionnelles				1 500,68 €	2,00%	30,01 €
Retraite						
Sécurité sociale plafonnée	1 500,68 €	6,90%	103,55 €	1 500,68 €	8,55%	128,31 €
Sécurité sociale déplafonnée	1 500,68 €	0,40%	6,00 €	1 500,68 €	1,90%	28,51 €
Complémentaire tranche A - ARRCO (cadre ou non)	1 500,68 €	3,10%	46,52 €	1 500,68 €	4,65%	69,78 €
AGFF tranche A	1 500,68 €	0,80%	12,01 €	1 500,68 €	1,20%	18,01 €
Supplémentaire						
Famille sécurité sociale (allocations familiales)				1 500,68 €	5,25%	78,79 €
Assurance chômage						
Tranche A				1 500,68 €	4,05%	60,78 €
Tranche AGS (FNGS)				1 500,68 €	0,15%	2,25 €
Autres contributions dues par l'employeur						
Aide au logement plafonnée (FNAL, tous employeurs)				1 500,68 €	0,10%	1,50 €
Aide au logement plafonnée (FNAL, 20 salariés et plus)				1 500,68 €	0,50%	7,50 €
Contribution solidarité autonomie				1 500,68 €	0,30%	4,50 €
Financement des organisations syndicales				1 500,68 €	0,016%	0,24 €
Taxe d'apprentissage				1 500,68 €	0,680%	10,20 €
Formation professionnelle				1 500,68 €	1,000%	15,01 €
Versement transport (entreprise d'au moins 10 salariés)						
Cotisations statutaires ou prévues conv. collective						
CSG non imposable à l'impôt sur le revenu	1 494,42 €	6,80%	101,62 €			
CSG imposable à l'impôt sur le revenu	1 494,42 €	2,40%	35,87 €			
CRDS imposable à l'impôt sur le revenu	1 494,42 €	0,50%	7,47 €			
Allègement de cotisations						
		TOTAL des cotisations et contributions	**333,03 €**			**688,83 €**
		Net payé en euros	**1 167,64 €**			
	Total versé par l'employeur			**Allègement de cotisations**		
	2 189,51 €					
A CONSERVER SANS LIMITATION DE DUREE						

3) Comptabilisation de la paie du mois de juin N.

1re étape : comptabilisation de la rémunération brute

	30/06/N		
641 000	Rémunération du personnel	1 500,68	
421 000	Personnel, rémunération due		1 500,68
	Salaire brut		

2e étape : comptabilisation des cotisations sociales salariales

	30/06/N		
421 000	Personnel, rémunération due	333,03	
431 000	Sécurité sociale (URSSAF et chômage)		266,51
437 200	Caisse retraite non cadre		46,52
437 400	Complémentaire santé		20,00
	Cotisations salariales		

3e étape : comptabilisation des charges sociales patronales

	30/06/N		
645 000	Charges de sécurité sociale et prévoyance	663,38	
631 000	Impôts taxes et versements assimilés rémunération	25,45	
431 000	Sécurité sociale (URSSAF et chômage)		553,60
437 200	Caisse de retraite non cadre		69,78
437 400	Complémentaire santé		40,00
437 500	Autres organismes		25,45
	Cotisations patronales		

4e étape : comptabilisation du paiement du salaire net

	30/06/N		
421 000	Personnel, rémunération due	1 167,64	
512 000	Banque		1 167,64
	Versement salaire net		

5e étape : comptabilisation du paiement des cotisations sociales salariales ET patronales

	31/07/N		
431 000	Sécurité sociale (URSSAF et chômage)	820,11	
437 200	Caisse de retraite non cadre	116,30	
437 400	Complémentaire santé	60,00	
437 500	Autres organismes	25,45	
512 000	Banque		1 021,86
	Versement cotisations salariales ET patronales		

Fiche 7
Les absences rémunérées par l'employeur

Définition

Les absences d'un personnel d'entreprise s'analysent sur quatre plans :

- la raison.
- La cause.
- Le nombre.
- Le coût.

Certaines sont justifiées donc rémunérées, d'autres injustifiées ne le seront pas.

Objectif

Puisque les absences « coûtent » du fait du remplacement de l'absent, il faut en connaître l'origine afin qu'elles ne se reproduisent pas. On peut alors en minimiser le coût, et ne rémunérer que celles qui sont justifiées (dans le respect de la loi).

I. Les différents types d'absences rémunérées par l'employeur

Les absences constituent en général une suspension du contrat de travail.

Les absences justifiées et autorisées sont appelées « congés ». Elles sont rémunérées par l'employeur.

Congés rémunérés par l'employeur
Congés pour événements familiaux (mariage, naissance, décès)
Jours fériés
Congés payés

II. Les congés pour événements familiaux

Quel que soit le type de congés pour événements familiaux, ils sont payés normalement comme s'ils avaient été travaillés.

Le salarié doit prendre son congé dans la période où l'événement se produit, mais pas nécessairement le jour même de l'événement. Il doit remettre un justificatif à son employeur (selon les cas : acte de naissance de l'enfant, acte de mariage, acte de décès, etc.).

Ces jours de congés sont assimilés à des jours de travail effectif pour le calcul des congés payés.

A. Le congé pour mariage

Sauf dispositions conventionnelles plus favorables, le salarié a droit, sans condition d'ancienneté, à un congé de **4 jours** pour son mariage et un jour pour le mariage d'un enfant.

B. Le congé pour décès

Sauf dispositions conventionnelles plus favorables, le salarié a droit, sans condition d'ancienneté à un congé de **2 jours** pour le décès de son conjoint (ou de la personne liée par un Pacs) ou le décès d'un enfant.

Il a également droit à un congé d'**un jour** pour le décès du père ou de la mère, le décès du père ou de la mère de son conjoint, le décès d'un frère ou d'une sœur.

C. Le congé pour naissance ou adoption

Sauf dispositions conventionnelles plus favorables, un congé de **3 jours** est ouvert pour chaque naissance ou adoption survenue au foyer.

D. Le congé pour la journée défense et citoyenneté

Le salarié peut bénéficier d'un jour de congé dans le cadre de cette journée.

E. Les congés pour autres événements

La convention collective peut prévoir des congés pour d'autres événements, non prévus par la loi (congé pour conclure un Pacs ou pour un déménagement, par exemple).

III. Les jours fériés

Nous avons vu que les jours fériés, à l'exception du 1er mai, peuvent être chômés si un accord collectif ou un usage le prévoit et sont rémunérés normalement à condition que le salarié justifie de 3 mois d'ancienneté, sauf convention collective plus favorable.

Rappels :

- Seul le 1er mai est un jour férié et chômé (c'est-à-dire non travaillé), pour lequel la loi prévoit une majoration de salaire de 100 % pour le travail effectué ce jour.
- Les jours fériés sont au nombre de 11 : 1er janvier, lundi de Pâques, 1er mai, 8 mai, jeudi de l'Ascension, lundi de Pentecôte, 14 juillet, 15 Août, 1er novembre ou Toussaint, 11 novembre, 25 décembre ou Noël.

IV. Les congés payés

Tout salarié a droit chaque année à des congés payés à la charge de l'employeur (selon l'article L.3141-1 du Code du travail).

A. L'acquisition des droits à congés payés

Les congés payés s'acquièrent sur une période dite « de référence » allant du 1er juin N – 1 au 31 mai N. Ils peuvent être pris à compter du 1er mai N.

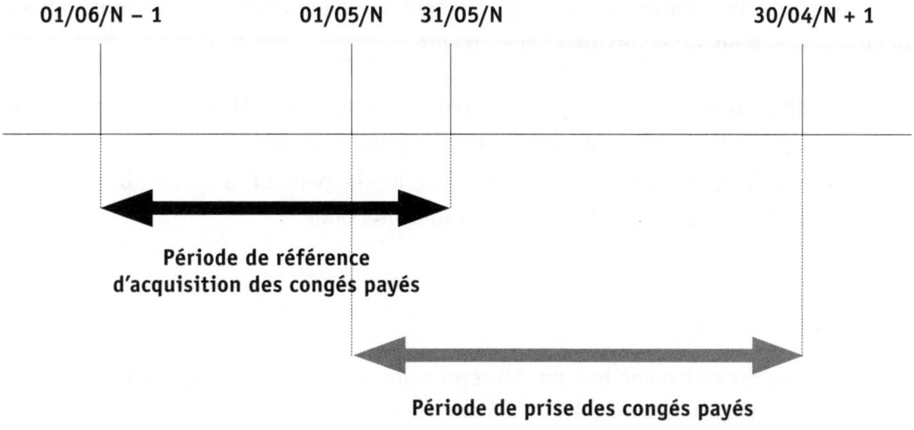

Pendant la première année de référence, le salarié acquiert des droits à congés payés et c'est pendant la seconde année de référence qu'il pourra prendre ses droits à congés.

Dans le cas où le salarié est embauché en cours d'année, le point de départ de la période de référence est la date d'embauche et le terme de cette période est le 31 mai suivant.

En cas de rupture du contrat de travail, le terme de la période de référence est la date de rupture du contrat, et non le 31 mai.

La durée des congés payés est déterminée à raison de 2,5 jours **ouvrables** par mois complet de travail effectif sans que la durée totale puisse excéder 30 jours ouvrables (soient 5 semaines, correspondantes à 2,5 jours ouvrables par mois fois 12 mois).

Si le mois de travail est incomplet, la durée des congés payés est à déterminer au prorata temporis. Lorsque le nombre de jours ouvrables obtenu n'est pas un nombre entier, la durée du congé est alors portée au nombre entier supérieur.

Les salariés à temps partiel ont droit, comme les autres salariés, à 2,5 jours ouvrables de congés payés par mois de travail effectif.

Le mois de travail effectif correspond à une période de quatre semaines et inclut :

- Le temps de travail.
- Les périodes de congés payés pris.
- Les journées de contrepartie obligatoire de repos.
- Les congés maternité, pour événements familiaux et formation.
- Les congés pour accident du travail.

En règle générale, on ne peut pas compter comme période de travail effectif les périodes pendant lesquelles le contrat de travail a été suspendu (sans pour autant avoir été rompu).

Ainsi les congés maladie, les jours de grève, les jours d'absence pour convenance personnelle et de chômage total sont exclus du mois de travail effectif.

Cependant, un salarié qui aurait été présent 48 semaines au moins sur une année bénéficie des cinq semaines de congés payés.

Lorsque la durée des congés est fixée en jours ouvrables, le décompte de nombre de jours pris s'effectue également en jours ouvrables.

Si un jour férié chômé dans l'entreprise coïncide avec un jour ouvrable et ouvré (ou travaillé), il ne sera pas décompté en jour de congé.

Exemple

Un salarié est embauché le lundi 20 septembre N. Du 20 au 30 septembre, il y a 10 jours ouvrables sur un total de 26 dans le mois.

Les droits à congés acquis sur la période de référence (allant du 01/06/N au 31/05/N + 1) sont de **21 jours** et se calculent ainsi :

01 jour en septembre N [= 2,5 jours × (10 / 26 jours ouvrables) = 0,96 arrondi à 1].

+ 20 jours du 01er octobre N au 31 mai N + 1

(= 2,5 jours par mois × 8 mois de travail effectif).

Lorsque la durée des congés est fixée en jours ouvrés, le décompte de nombre de jours pris s'effectue également en jours ouvrés.

Si un jour férié chômé dans l'entreprise coïncide avec un jour ouvrable et ouvré (ou travaillé) dans l'entreprise, il ne sera pas décompté en jour de congé.

Si un jour férié chômé dans l'entreprise coïncide avec un jour ouvrable non ouvré (ou non travaillé), l'employeur doit prolonger le congé d'un jour. Car le décompte des congés en jours ouvrés ne doit pas être défavorable par rapport à un décompte en jours ouvrables.

La prise des congés payés

Le salarié ayant acquis tous ses droits à congés payés doit prendre au minimum 12 jours ouvrables consécutifs et au maximum 24 jours ouvrables durant la période du 1er mai au 31 octobre N.

Si les droits acquis sont inférieurs à 12 jours ouvrables, alors le salarié doit les prendre en une seule fois.

Si le salarié ne prend pas 24 jours de congés durant la période du 1er mai au 31 octobre N, alors il a droit à :

- 01 jour de congé supplémentaire s'il lui reste 3 à 5 jours à prendre.
- 02 jours de congés supplémentaires s'il lui reste 6 jours ou plus à prendre.

L'employeur peut adopter une période de fermeture totale de son entreprise, période qui s'impose alors à tous les salariés. Celui qui n'aurait pas acquis assez de droits à congés payés peut prétendre à des indemnités de chômage partiel.

V. Le calcul de l'indemnité des congés payés

Selon l'article L.3141-22 du code du travail :

« I- Le congé annuel prévu par l'article L.3141-3 ouvre droit à une indemnité égale au dixième de la rémunération brute totale perçue par le salarié au cours de la période de référence.

Pour la détermination de la rémunération brute, il est tenu compte :

1. De l'indemnité de congé de l'année précédente.
2. Des indemnités afférentes au repos compensateur obligatoire...

3. Des périodes assimilées à un temps de travail par les articles L.3141-3 et L.3141-5 qui sont considérées comme ayant donné lieu à rémunération en fonction de l'horaire de travail de l'établissement... ».

« II- Toutefois, l'indemnité prévue au I ne peut être inférieure au montant de la rémunération qui aurait été perçue pendant la période de congé si le salarié avait continué à travailler. Cette rémunération est calculée en fonction :

1. Du salaire gagné dû pour la période précédant le congé.
2. De la durée du travail effectif de l'établissement... ».

Deux règles de calcul sont donc appliquées pour déterminer l'indemnité de congés payés et par conséquent le salaire brut mensuel qui découle de la prise de congés payés.

Salaire de base
– Retenues pour absence
+ Indemnités de congés payés
= Salaire brut

A. La méthode du maintien intégral du salaire

Le salaire maintenu est déterminé en fonction de la durée du travail effectif de l'établissement au cours de la période considérée ainsi que de l'horaire de travail du salarié.

Exemple

Un salarié travaille habituellement 45 heures une semaine, puis 25 heures la semaine suivante. L'indemnité de congés payés doit être calculée selon l'horaire qui aurait été pratiqué (sauf si la rémunération est lissée).

L'indemnité de congés payés est égale au montant de la retenue pour absence.

$$\textbf{Indemnité globale de congés payés} = \textbf{Retenue pour absence} = \frac{\text{Nombre de jours } \textbf{ouvrables (ou ouvrés)} \text{ d'absence}}{\text{Nombre de jours } \textbf{ouvrables (ou ouvrés)} \text{ du mois}} \times \text{Rémunération totale brute mensuelle}$$

Exemple

La rémunération brute annuelle de Mr Fajal Valentin est de 30 000 € pour la période du 01/06/N – 1 au 31/05/N et son salaire brut pour le mois de juillet N est de 2 792 €. Il a acquis 30 jours de congés payés sur la période de référence et a pris 9 jours ouvrables en juillet (du lundi 10/07/N au 18/07/N). Le mois compte

26 jours ouvrables. Les retenues pour absence sont calculées selon la méthode du nombre de jours ouvrables.

Les indemnités de congés payés, selon la méthode du maintien de salaire, sont calculées ainsi :

$$\textbf{Indemnité globale de congés payés} = \textbf{Retenue pour absence} = \frac{9}{26} \times 2\,792\text{ €}$$

Indemnité globale de congés payés = Retenue pour absence = 966,46 €.

Salaire de base	2 792,00
– Retenue pour absence	–966,46
+ Indemnité de congés payés	+966,46
= Salaire brut (juillet)	**2 792,00**

On constate que le salaire brut de Mr Fajal est maintenu en juillet N.

B. La méthode du 1/10e

L'indemnité de congés payés est calculée par rapport à la rémunération totale perçue par le salarié sur la période de référence (du 1er juin N – 1 au 31 mai N).

$$\textbf{Indemnité globale de congés payés} = \frac{1}{10} \times \textbf{Rémunération totale brute perçue sur la période de référence}$$

$$\textbf{Indemnité globale de congés payés} = \frac{\textbf{Nombre de jours (ouvrables ou ouvrés) de congés pris}}{\textbf{Nombre de jours (ouvrables ou ouvrés) de congés donnés par la loi sur la période de référence}} \times \frac{1}{10} \times \textbf{Rémunération totale brute perçue sur la période de référence}$$

La rémunération totale comprend :

- Le salaire de base brut.
- Les majorations brutes des heures supplémentaires.
- Les commissions ou primes liées à l'activité de l'entreprise à condition que ces activités soient liées à l'activité personnelle du salarié (en sont exclues si elles sont calculées sur l'année entière).
- Les primes versées en contrepartie d'un travail, et si et seulement si elles revêtent un caractère général, fixe et constant qui les rend obligatoire pour l'employeur. Elles ne doivent pas indemniser les congés payés. Elles correspondent donc aux :

- primes d'ancienneté (annuelles ou exceptionnelles si calculées en % sur les salaires),
- primes d'assiduité et d'astreinte,
- primes de performance (si elles récompensent personnellement le salarié ou l'unité à laquelle il appartient),
- primes de rendement lié aux résultats personnels du salarié et non à l'activité globale de l'entreprise,
- indemnités compensant la précarité d'emploi pour les travailleurs temporaires,
- pourboires.

• Les avantages en nature.
• Les indemnités perçues en période d'absence de travail (pour congé maternité, accident du travail, maladie professionnelle, indemnités de congés payés versées par l'employeur l'année précédente, salaire des jours fériés chômés).

Il faut exclure de la rémunération totale :

• Les primes et gratifications, versées globalement et couvrant l'ensemble de l'année, période de travail et période de congés.
• Les primes du type 13e mois.
• Les primes de vacances.
• Les primes de récompense (assiduité, rendement forfaitaire, exceptionnelle).
• Les primes de sujétion.
• Les remboursements de frais professionnels.
• Les primes de panier et de transport.
• Les primes d'intéressement et de participation.

Exemple

La rémunération brute annuelle de Mr Fajal Valentin est de 30 000 € pour la période du 01/06/N – 1 au 31/05/N et son salaire brut pour le mois de juillet N est de 2 792 €. Il a acquis 30 jours ouvrables de congés payés sur la période de référence et a pris 9 jours ouvrables en juillet (du lundi 10/07/N au 18/07/N). Le mois compte 26 jours ouvrables. Les retenues pour absence sont calculées selon la méthode du nombre de jours ouvrables.

Les indemnités de congé payés selon la méthode du 1/10e sont calculées ainsi :

$$\textbf{Indemnité globale de congés payés} = \frac{\textbf{Nombre de jours ouvrables de congés pris}}{\textbf{Nombre de jours ouvrables de congés donnés par la loi sur la période de référence}} \times \frac{1}{10} \times \textbf{Rémunération totale brute perçue sur la période de référence}$$

$$\text{Indemnité globale de congés payés} = \frac{9}{30} \times \frac{1}{10} \times 30\,000\ €$$

Indemnité globale de congés payés = 900 €.

Salaire de base	2 792,00
– Retenue pour absence	–966,46
+ Indemnité de congés payés	+900,00
= **Salaire brut (juillet)**	**2 725,54**

On constate que le salaire brut de Mr Fajal compte tenu des congés payés est de 2 725,54 € alors qu'il aurait été, sans prendre de congés payés en juillet, de 2 792 €.

C. L'indemnité complémentaire des congés payés

L'employeur doit appliquer la méthode de calculs de congés payés la plus favorable au salarié. Si la méthode de calcul appliquée par l'employeur est la moins avantageuse, une indemnité complémentaire est versée au salarié le mois où il solde ses congés.

Exemple

Si nous reprenons l'exemple de Mr Fajal, sa rémunération brute annuelle est de 30 000 € pour la période du 01/06/N – 1 au 31/05/N, son salaire brut pour le mois de juillet N est de 2 792 €. Il a cumulé 30 jours de congés et en a pris 26 en juillet. Le mois compte 26 jours ouvrables. L'employeur applique la méthode du 1/10e en matière d'indemnisation des congés payés.
En appliquant la méthode du maintien de salaire en matière d'indemnisation des congés payés, le salaire brut de Mr Fajal serait de 2 792 € en juillet.

Salaire de base	2 792,00
– Retenue pour absence	–2 792,00
+ Indemnité de congés payés	+2 792,00
= **Salaire brut (juillet)**	**2 792,00**

En appliquant la méthode du 1/10e en matière d'indemnisation des congés payés, le salaire brut de Mr Fajal serait de 2 600 € en juillet.

$$\textbf{Indemnité globale de congés payés} = \frac{\text{Nombre de jours } \textbf{ouvrables} \text{ de congés pris}}{\text{Nombre de jours } \textbf{ouvrables} \text{ de congés donnés par la loi sur la période de référence}} \times \frac{1}{10} \times \text{Rémunération totale brute perçue sur période de référence}$$

$$\textbf{Indemnité globale de congés payés} = \frac{26}{30} \times \frac{1}{10} \times 30\,000\ € = \mathbf{2\,600\ €}$$

Salaire de base	2 792,00
– Retenue pour absence	–2 792,00
+ Indemnité de congés payés	+2 600,00
= **Salaire brut (juillet)**	**2 600,00**

La méthode de calcul appliquée par l'employeur est donc la moins avantageuse pour le salarié. **Une indemnité complémentaire doit donc** lui **être versée** le mois où il soldera ses congés et s'élèvera à **192** € (= 2 792 € – 2 600 €).

VI. La comptabilisation des congés payés

A. La comptabilisation des congés payés à la date de clôture de l'exercice

À la date de clôture d'un exercice comptable, les indemnités de congés payés en cours d'acquisition sont à comptabiliser. Car ces droits acquis et non pris constituent une dette vis-à-vis des salariés et constituent une charge pour l'employeur.

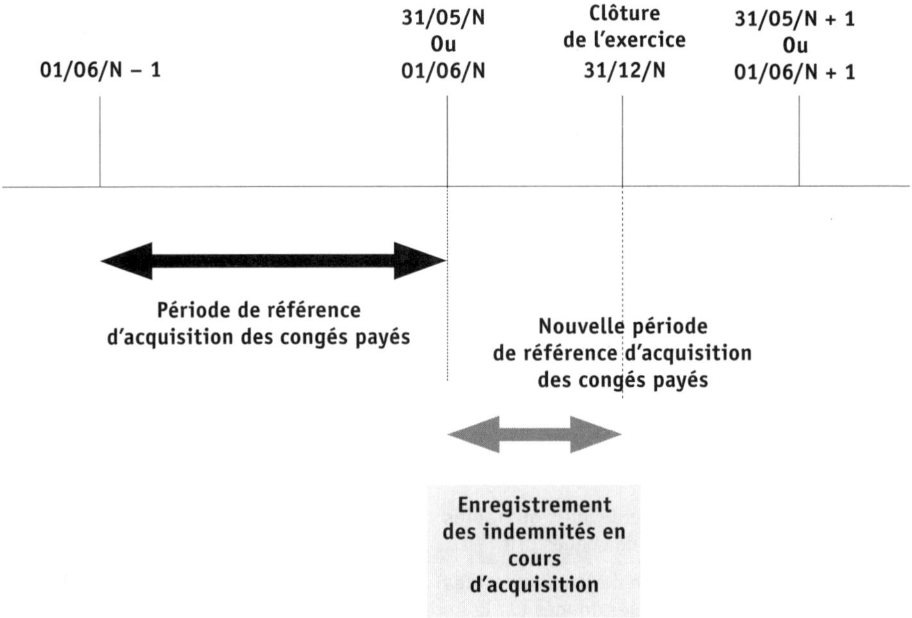

	Date clôture		
641 000	Congés payés	1/10e salaire brut	
428 200	Dette provisionnée congés payés		1/10e salaire brut
	Provision congés payés		

De plus, à la date de clôture d'un exercice comptable, les charges patronales portant sur les droits acquis et non pris sont à provisionner.

	Date clôture		
645 100	Cotisations URSSAF	Montant cotisations patronales	
645 300	Cotisations caisses retraite	Montant cotisations patronales	
645 400	Cotisations chômage	Montant cotisations patronales	
631 000	Impôts, taxes et versements assimilés rémunérations	Montant taxes et contributions patronales	
438 200	Organismes sociaux – charges à payer		Total des cotisations patronales
	Provision congés payés		

B. La comptabilisation des congés payés lors de la comptabilisation du salaire brut

La comptabilisation des congés pris et payés intervient lors de la comptabilisation du salaire brut.

1re étape : comptabilisation de la rémunération brute.

	Date paye		
641 000	Rémunération du personnel	**Indemnités congés payés**	
421000	Personnel, rémunération due		**Indemnités congés payés**
	Salaire(s) mois M (indemnités congé payés)		

Les étapes suivantes sont identiques à celles de la comptabilisation d'un bulletin de paye, à savoir :

2e étape : comptabilisation des cotisations sociales salariales.

3e étape : comptabilisation des charges sociales patronales.

4e étape : comptabilisation du paiement du/des salaires nets.

5e étape : comptabilisation du paiement des cotisations sociales salariales et patronales.

APPLICATION 1 : ACQUISITION DES CONGÉS PAYÉS

Un salarié est embauché le lundi 14 octobre N – 1.

Travail à faire :

À l'aide du calendrier (joint en annexe 1) :

1) Quels sont ses droits à congés payés en N, en jours ouvrés, à la fin de la période de référence ?

2) Quels sont ses droits à congés payés en N, en jours ouvrables, à la fin de la période de référence ?

Annexe 1 – Calendrier de la période de référence d'acquisition des congés payés

Année N – 1													
Juin		Juillet		Août		Septembre		Octobre		Novembre		Décembre	
1	S	1	L	1	J	1	D	1	M	1	V Férié	1	D
2	D	2	M	2	V	2	L	2	M	2	S	2	L
3	L	3	M	3	S	3	M	3	J	3	D	3	M
4	M	4	J	4	D	4	M	4	V	4	L	4	M
5	M	5	V	5	L	5	J	5	S	5	M	5	J
6	J	6	S	6	M	6	V	6	D	6	M	6	V
7	V	7	D	7	M	7	S	7	L	7	J	7	S
8	S	8	L	8	J	8	D	8	M	8	V	8	D
9	D	9	M	9	V	9	L	9	M	9	S	9	L
10	L	10	M	10	S	10	M	10	J	10	D	10	M
11	M	11	J	11	D	11	M	11	V	11	L Férié	11	M
12	M	12	V	12	L	12	J	12	S	12	M	12	J
13	J	13	S	13	M	13	V	13	D	13	M	13	V
14	V	14	D Férié	14	M	14	S	14	L	14	J	14	S
15	S	15	L	15	J Férié	15	D	15	M	15	V	15	D
16	D	16	M	16	V	16	L	16	M	16	S	16	L
17	L	17	M	17	S	17	M	17	J	17	D	17	M
18	M	18	J	18	D	18	M	18	V	18	L	18	M
19	M	19	V	19	L	19	J	19	S	19	M	19	J
20	J	20	S	20	M	20	V	20	D	20	M	20	V
21	V	21	D	21	M	21	S	21	L	21	J	21	S
22	S	22	L	22	J	22	D	22	M	22	V	22	D
23	D	23	M	23	V	23	L	23	M	23	S	23	L
24	L	24	M	24	S	24	M	24	J	24	D	24	M
25	M	25	J	25	D	25	M	25	V	25	L	25	M Férié
26	M	26	V	26	L	26	J	26	S	26	M	26	J
27	J	27	S	27	M	27	V	27	D	27	M	27	V
28	V	28	D	28	M	28	S	28	L	28	J	28	S
29	S	29	L	29	J	29	D	29	M	29	V	29	D
30	D	30	M	30	V	30	L	30	M	30	S	30	L
		31	M	31	S			31	J			31	M

Suite annexe 1

Année N									
Janvier		Février		Mars		Avril		Mai	
1	M Férié	1	S	1	S	1	M	1	J Férié
2	J	2	D	2	D	2	M	2	V
3	V	3	L	3	L	3	J	3	S
4	S	4	M	4	M	4	V	4	D
5	D	5	M	5	M	5	S	5	L
6	L	6	J	6	J	6	D	6	M
7	M	7	V	7	V	7	L	7	M
8	M	8	S	8	S	8	M	8	J Férié
9	J	9	D	9	D	9	M	9	V
10	V	10	L	10	L	10	J	10	S
11	S	11	M	11	M	11	V	11	D
12	D	12	M	12	M	12	S	12	L
13	L	13	J	13	J	13	D	13	M
14	M	14	V	14	V	14	L	14	M
15	M	15	S	15	S	15	M	15	J
16	J	16	D	16	D	16	M	16	V
17	V	17	L	17	L	17	J	17	S
18	S	18	M	18	M	18	V	18	D
19	D	19	M	19	M	19	S	19	L
20	L	20	J	20	J	20	D	20	M
21	M	21	V	21	V	21	L Férié	21	M
22	M	22	S	22	S	22	M	22	J
23	J	23	D	23	D	23	M	23	V
24	V	24	L	24	L	24	J	24	S
25	S	25	M	25	M	25	V	25	D
26	D	26	M	26	M	26	S	26	L
27	L	27	J	27	J	27	D	27	M
28	M	28	V	28	V	28	L	28	M
29	M			29	S	29	M	29	J Férié
30	J			30	D	30	M	30	V
31	V			31	L			31	S

CORRIGÉ

1) Droits à congés payés en N, en jours ouvrés, à la fin de la période de référence.

Pour le salarié embauché en cours d'année, le **point de départ de la période de référence d'acquisition des congés payés est la date d'embauche**, 14 octobre N – 1, **et** le **terme** de cette période est le 31 mai N.

La durée des congés payés est déterminée à raison de **2,5 jours ouvrables** par **mois complet de travail effectif** sans que la durée totale puisse excéder 30 jours ouvrables (soit 5 semaines, correspondantes à 2,5 jours ouvrables par mois fois 12 mois).

Si le mois de travail est incomplet (**notre cas** ici), la durée des congés payés est à déterminer au prorata temporis.

Lorsque la durée des congés est fixée en jours ouvrés, le décompte de nombre de jours pris s'effectue également en jours ouvrés.

Les **jours ouvrés** correspondent aux **jours effectivement travaillés dans une semaine.** En l'absence de jours fériés dans la semaine, celle-ci compte 5 jours ouvrés.

Lorsque le nombre de jours obtenu n'est pas un nombre entier, la durée du congé est alors portée au nombre entier supérieur.

Du 14/10/N – 1 au 31/05/N, il y a 165 jours ouvrés, 1er mai et 7 jours fériés inclus.

Or les jours fériés, à l'exception du 1er mai, **peuvent être chômés** si un accord collectif ou un usage le prévoit **et sont rémunérés** normalement à condition que le salarié justifie de 3 mois d'ancienneté, sauf convention collective plus favorable**.**

Notre salarié ne remplissant pas ces conditions, le nombre de jours ouvrés à prendre en compte est donc de 158 (= 165 – 7).

Quel est le nombre de mois complets de travail effectif ?

7,90 mois de travail effectif = 158 jours ouvrés / 20 jours ouvrés (équivalent à un mois de travail effectif).

Quel est le nombre de jours ouvrés de congés payés ?

Lorsque les congés payés sont calculés en jours ouvrés, le salarié a droit à 25 jours de congés payés (5 semaines de 5 jours ouvrés). Il acquiert donc 2,08 jours de congés payés par mois de travail effectif (= 25/12 mois).

Notre salarié a donc acquis sur la période de référence :

16,43 jours ouvrés de congés (= 7,90 mois de travail effectif × 2,08 jours ouvrés de congés payés par mois). Ce chiffre est à arrondir au nombre entier supérieur à savoir 17 jours.

À la fin de la période de référence, le salarié aura donc acquis **17 jours ouvrés de congés payés**, qu'il pourra prendre entre le 01/05/N et le 30/04/N + 1.

2) Droits à congés payés en N, en jours ouvrables, à la fin de la période de référence.

Les **jours ouvrables** correspondent aux **jours de la semaine à l'exception du dimanche et jours fériés.** En l'absence de jours fériés dans une semaine, celle-ci compte 6 jours ouvrables.

Du 14/10/N – 1 au 31/05/N, il y a 197 jours ouvrables (1er mai et 7 jours fériés inclus).

Or les jours fériés, à l'exception du 1er mai, **peuvent être chômés** si un accord collectif ou un usage le prévoit **et sont rémunérés** normalement à condition que le salarié **justifie de 3 mois d'ancienneté,** sauf convention collective plus favorable**.**

Notre salarié ne remplissant pas ces conditions, le nombre de jours ouvrables à prendre en compte est donc de 190 (= 197 – 7).

Quel est le nombre de mois complets de travail effectif ?

7,92 mois de travail effectif = 190 jours ouvrables / 24 jours ouvrables (équivalent à un mois de travail effectif).

Quel est le nombre de jours ouvrables de congés payés ?

Lorsque les congés payés sont calculés en jours ouvrables, le salarié a droit à 30 jours de congés payés (5 semaines de 6 jours ouvrables). Il acquiert donc 2,50 jours de congés payés par mois de travail effectif.

Notre salarié a donc acquis sur la période de référence :

19,80 jours ouvrables de congés (= 7,92 mois de travail effectif × 2,50 jours ouvrables de congés payés par mois). Ce chiffre est à arrondir au nombre entier supérieur à savoir 20 jours.

À la fin de la période de référence, le salarié aura donc acquis **20 jours ouvrables de congés payés**, qu'il pourra prendre entre le 01/05/N et le 30/04/N + 1.

APPLICATION 2 : FRACTIONNEMENT DES CONGÉS PAYÉS

Un salarié prend ses congés payés du lundi 08 au vendredi 26 juillet N – 1 inclus. Il a cumulé 25 jours ouvrés de congés payés.

Travail à faire :

À l'aide du calendrier (joint en annexe 1, application 1), combien de jours de fractionnement peut-on lui accorder ?

CORRIGÉ

Si le salarié ne prend pas 24 jours de congés pendant la période de référence, alors il a droit à :

- 1 jour de congé supplémentaire s'il lui reste 3 à 5 jours à prendre.
- 2 jours de congés supplémentaires s'il lui reste 6 jours ou plus à prendre.

Ce salarié s'absente 15 jours sur 25 jours ouvrés de congés payés cumulés. Il lui reste donc 10 jours de congés et a droit à 2 jours de congés supplémentaires.

APPLICATION 3 : PRISE DES CONGÉS PAYÉS

Un salarié prend trois semaines de congés payés du lundi 30 juin au dimanche 20 juillet N inclus.

L'entreprise dans laquelle il travaille calcule les congés payés en jours ouvrables et applique la règle la plus favorable pour le calcul des indemnités de congés payés.

Mois	Année	Salaire brut	Observations
Juin	N – 1	1 600	
Juillet	N – 1	1 900	Prime de vacances de 300 €
Août	N – 1	1 600	Dont congés payés de 1 200 €
Septembre	N – 1	1 700	
Octobre	N – 1	1 000	Absence pour maladie (retenues de 600 €)
Novembre	N – 1	1 600	
Décembre	N – 1	3 200	13e mois
Janvier	N	1 600	
Février	N	1 600	
Mars	N	2 400	Prime individuelle exceptionnelle de 800 €
Avril	N	1 600	
Mai	N	1 600	Dont congés payés de 400 €
Juin	N	1 600	
Juillet	N		

Travail à faire :

1) Déterminez, ci-dessous, la rémunération brute totale pour N – 1/N.

Tableau préparatoire aux calculs de la rémunération totale brute

Mois	Année	Salaire brut	Observations pour calculs rémunération totale brute
Juin	N – 1		
Juillet	N – 1		
Août	N – 1		
Septembre	N – 1		
Octobre	N – 1		
Novembre	N – 1		
Décembre	N – 1		
Janvier	N		
Février	N		
Mars	N		
Avril	N		
Mai	N		
Juin	N		

2) Déterminez le nombre de jours ouvrables d'absence pour congés payés.

3) Calculez le montant de l'indemnité pour congés payés :

a) Selon la méthode du maintien intégral du salaire.

b) Selon la méthode du 10e.

En déduire la méthode qui sera appliquée par l'entreprise.

4) Calculez le salaire brut du salarié pour le mois de juillet N.

CORRIGÉ

1) Détermination de la rémunération brute totale pour N – 1/N.

Tableau préparatoire aux calculs de la rémunération totale brute

Mois	Année	Salaire brut	Observations pour calculs rémunération totale brute
Juin	N – 1	**1600**	
Juillet	N – 1	**1600**	**À exclure** prime de vacances de 300 € des 1900 €
Août	N – 1	400	
		1200	**À inclure** congés payés de 1200 €
Septembre	N – 1	**1700**	**À inclure pour la totalité**
Octobre	N – 1	**1000**	**À inclure** absence pour maladie (retenues de 600 €)
Novembre	N – 1	**1600**	
Décembre	N – 1	**1600**	**À exclure** 13e mois des 3200 €
Janvier	N	**1600**	
Février	N	**1600**	
Mars	N	**1600**	
		800	**À inclure** prime individuelle exceptionnelle de 800 €
Avril	**N**	**1600**	
Mai	N	**1200**	
		400	**À inclure** congés payés de 400 €
Juin	N	1600	

Salaire de base	17100,00	= (1600 × 8 mois) + 400 +1700 +1000 + 1200
Heures supplémentaires		
Commissions		
Prime d'ancienneté		
Prime d'assiduité		
Prime de performance (individuelle)	800,00	
Prime de rendement (individuelle)		
Indemnités précaritéd'emploi		
Avantages en nature		
Indemnités absences (maladie, accident travail)		
Indemnités absences (congés payés de N – 1)	1600,00	= 1200 + 400
= **Rémunération totale brute sur période de référence**	**19500,00**	

2) Détermination du nombre de jours ouvrables d'absence pour congés payés.

Nombre de jours ouvrables d'absence pour congés payés du lundi 30/06 au dimanche 20/07/N inclus = 3 semaines de 6 jours ouvrables = **18 jours ouvrables.**

Le mois de juillet N comporte 4 semaines × 7 jours + 4 jours dans la 5e semaine

Nombre de jours ouvrables du mois = (4 × 6) + 4 = 28 jours ouvrables en juillet.

3) Calculs du montant de l'indemnité pour congés payés et déduction de la méthode qui sera appliquée par l'entreprise.

a) Calculs du montant de l'indemnité pour congés payés selon la méthode du maintien intégral du salaire.

$$\textbf{Indemnité globale de congés payés} = \text{Retenue absence} = \frac{\text{Nombre jours } \textbf{ouvrables} \text{ d'absence}}{\text{Nombre jours } \textbf{ouvrables} \text{ du mois}} \times \text{Rémunération totale brute mensuelle}$$

$$\textbf{Indemnité globale de congés payés} = \text{Retenue absence} = \frac{18}{28} \times 1\,600\ €$$

Indemnité globale de congés payés = Retenue absence = **1 028,57 €**

b) Calculs du montant de l'indemnité pour congés payés selon la méthode du 1/10e.

$$\textbf{Indemnité globale de congés payés} = \frac{1}{10} \times \text{Rémunération totale brute perçue sur la période de référence}$$

$$\textbf{Indemnité globale de congés payés} = \frac{1}{10} \times 19\,500{,}00\ €$$

Indemnité globale de congés payés = 1 950,00 €

$$\textbf{Indemnité globale de congés payés} = \frac{\text{Nombre jours (ouvrables) de congés pris}}{\text{Nombre jours } \textbf{(ouvrables)} \text{ de congés donnés par loi sur période référence}} \times \text{Indemnité globale de congés payés}$$

$$\text{Indemnité globale de congés payés} = \frac{18}{30} \times 19\,500{,}00\ €$$

Indemnité globale de congés payés = 1 170,00 €

La méthode du 1/10e est la méthode la plus favorable et est à retenir pour le calcul du salaire brut de juillet N.

4) Calculs du salaire brut du salarié pour le mois de juillet N.

Salaire de base	1 600,00
- Retenue absences	- 1 028,57
+ indemnité congés payés	1 170,00
= **Salaire brut juillet N**	**1 741,43**

Fiche 8
La rupture du contrat de travail

I. La rupture d'un contrat de travail à durée indéterminée (« CDI ») : ses causes
II. La rupture d'un contrat à durée déterminée (« CDD »)
III. Les documents à remettre au salarié en cas de rupture de contrat de travail
IV. Le calcul d'un solde de tout compte

Définition

Le **contrat de travail** est une convention engageant employeur et employé. Cette convention rompue équivaut à une rupture de l'entente.

Objectif

L'objectif de la rupture du contrat de travail est d'en connaître la cause, de pouvoir y remédier dans le futur et d'honorer les obligations de chacune des deux parties employeur et employé.

I. La rupture d'un contrat de travail à durée indéterminée (« CDI ») : ses causes

Un contrat de travail en « CDI » peut être rompu par l'employé, ou par l'employeur, ou par les deux parties.

A. La démission

Tout salarié en contrat à durée indéterminée (« CDI ») peut démissionner sans avoir à justifier sa décision. Il s'agit d'un droit qu'il peut exercer à tout moment, même si son contrat de travail est suspendu. Toutefois, la démission ne doit pas être abusive, c'est-à-dire prise avec l'intention de nuire à l'employeur. En cas de démission abusive, le salarié peut être condamné au versement de dommages et intérêts à l'employeur.

Le salarié doit prévenir par écrit ou oralement son employeur de son souhait de démissionner.

La convention collective ou le contrat de travail peut prévoir une clause sur la démission à laquelle le salarié doit se reporter.

Un salarié ne peut pas quitter son travail dès qu'il a signifié sa démission à son employeur. Il exécute normalement son travail jusqu'à la date effective de démission dans le respect du préavis prévu (sauf en cas de dispense du préavis). En cas de refus, il devra verser à son employeur une indemnité d'un montant égal à la rémunération brute qu'il aurait perçue s'il avait travaillé.

La durée calendaire du préavis de démission d'un salarié à temps partiel est la même que celle d'un salarié à temps complet. Par exemple, un préavis d'un mois prévu par une convention collective est applicable quel que soit l'horaire de travail du salarié.

Le préavis commence à courir à compter de la notification à l'employeur de la démission.

L'indemnisation

Si l'employeur dispense un salarié de son préavis, il versera une **indemnité compensatrice de préavis** majorée de l'indemnité compensatrice de congés payés.

Le chômage

La démission, ou départ volontaire à l'initiative du salarié, n'ouvre pas en principe de droits au chômage.

Toutefois, il existe des situations dérogatoires, permettant à un salarié démissionnaire de percevoir des indemnités de chômage telles que :

- Une démission considérée comme légitime par le régime d'assurance chômage (par exemple suivre son conjoint en cas de mariage...).
- Le réexamen de la situation du salarié après quatre mois de chômage.
- À partir de l'été 2018, et pour favoriser la mobilité professionnelle, le Président de la République et son gouvernement souhaitent que tous les cinq ans, tous les salariés puissent avoir accès à ce droit de chômage en cas de démission à la condition d'avoir un projet professionnel du type création d'entreprise (ou autre). La durée d'indemnisation varie en fonction de l'âge du démissionnaire :

Âge du démissionnaire	< 53 ans	Entre 53 et 55 ans	> 55 ans
Durée d'indemnisation	24 mois ou 730 jours.	30 mois ou 913 jours.	36 mois ou 1 095 jours.

Cette réforme est positive pour le démissionnaire car si celui-ci retrouve une activité professionnelle avant la fin de ces durées d'indemnisations maximum, il continuera de percevoir tout de même ces indemnités, bien sûr jusqu'à la limite maximum.

Pourquoi un tel avantage ? Les autorités permettent, par ce biais, au démissionnaire de garder « une bouffée d'oxygène » pendant une période de lancement de sa nouvelle activité non encore rentable.

Cette réforme est cependant conditionnée par le fait qu'un refus de deux propositions de travail entraînerait la suspension immédiate des versements.

B. La rupture conventionnelle du « CDI »

Il existe deux types de rupture conventionnelle du « CDI » :

L'une est la **rupture conventionnelle individuelle** (dite « RCI »), ouverte au salarié employé dans le secteur privé, qu'il soit protégé ou non.

La rupture conventionnelle individuelle est impossible, même pour un salarié en « CDI », dans les cas suivants :

- Lorsqu'il a été déclaré inapte.
- Lorsqu'il est en arrêt de travail pour cause d'accident du travail ou de maladie professionnelle.
- En cas de congé maternité de la salariée.
- Lorsque la procédure de rupture conventionnelle vise à contourner les garanties prévues pour le salarié en matière de licenciement économique.
- Dans le cadre d'un accord collectif de gestion prévisionnelle des emplois et des compétences (« GPEC ») ou d'un plan de sauvegarde de l'emploi (« PSE »).

L'employeur et le salarié conviennent du principe d'une rupture conventionnelle du contrat de travail lors d'un entretien obligatoire (ou de plusieurs si nécessaire).

À l'issue de celui-ci, employeur et salarié doivent établir et signer une convention de rupture qui définit les conditions de rupture (date et montant de l'indemnité spécifique de rupture conventionnelle). Il doit remettre un exemplaire de cette convention au salarié. Le non-respect de cette obligation permet au salarié d'obtenir l'annulation de la rupture conventionnelle, et par conséquent de percevoir les indemnités prévues pour cause de licenciement sans cause réelle et sérieuse.

L'employeur et le salarié disposent d'un droit de rétractation de 15 jours calendaires. Le délai débute à compter de la date de signature de la convention.

À la date de fin du contrat (prévue dans la convention), l'employeur remet au salarié un certificat de travail, un solde de tout compte et une attestation destinée à Pôle emploi.

L'autre est la **rupture conventionnelle collective** (dite « RCC » du 04 janvier 2018), concernant un ensemble de salariés d'une même entreprise du secteur privé, qu'ils soient protégés ou non.

Dans le cadre fixé par le Code du travail, un accord collectif peut prévoir une « RCC » conduisant à une rupture du contrat de travail d'un commun accord entre l'employeur et les salariés.

Cet accord collectif, qui doit faire l'objet d'une validation par le Directeur régional des entreprises, de la concurrence, de la consommation, du travail et de l'emploi (« DIRECCTE »), détermine **le nombre maximal de départs envisagés, les conditions que doit remplir le salarié pour en bénéficier, les modalités de calculs des indemnités de rupture garanties au salarié**, celles-ci ne pouvant être inférieures aux indemnités légales dues en cas de licenciement économique. Ces salariés sont accompagnés pour un reclassement, en vue d'un projet et de son suivi.

Ce mode de rupture du contrat de travail ne peut être imposé par l'employeur ou par le salarié.

L'indemnisation

Le(s) salarié(s) peut/peuvent prétendre aux indemnités légales et aux indemnités prud'homales de licenciement.

Les indemnités légales de licenciement sont dues par l'employeur, à tout salarié en CDI, licencié pour motif économique ou personnel (sauf faute grave ou lourde).

Dans le cadre d'une rupture conventionnelle, le salarié perçoit une indemnité de rupture conventionnelle dont le montant est librement négocié avec l'employeur, qui est au moins égale :

- Au montant de l'indemnité légale de licenciement.
- Ou au montant de l'indemnité conventionnelle de licenciement, s'il est plus favorable que l'indemnité légale.

Le salarié perçoit également l'indemnité de congés payés, s'il n'a pas pris tous les congés acquis à la date de rupture du contrat.

Si le contrat de travail prévoit une clause de non-concurrence, la contrepartie financière est due (sauf renonciation à la clause).

À l'issue du contrat, le salarié a droit aux allocations chômage s'il remplit les conditions permettant d'en bénéficier.

Les indemnités prud'homales de licenciement (ou dommages et intérêts) sont dues en cas de licenciement abusif.

À la différence de l'indemnité légale, les dommages-intérêts nécessitent une contestation du licenciement devant le Conseil des prud'hommes, et le paiement est ordonné par le juge à l'employeur.

C. Les ruptures atypiques du « CDI »

1. La prise d'acte de la rupture du contrat de travail

La rupture du contrat de travail par le salarié en raison de faits qu'il reproche à son employeur constitue une **prise d'acte de la rupture du contrat**, par exemple en cas de non versement d'une prime ou de propos dégradants...

Il ne s'agit donc pas d'une démission.

Le salarié peut saisir le juge afin qu'il statue sur les conséquences de cette rupture. Ainsi, la prise d'acte produit les effets d'un licenciement sans cause réelle et sérieuse si les faits invoqués par le salarié la justifiaient. Dans le cas contraire, elle produit les effets d'une démission.

Aucun formalisme n'est imposé. Il reste néanmoins préférable, pour des raisons de preuve en cas de litige, de prévenir l'employeur par écrit.

La prise d'acte entraîne la cessation immédiate du contrat de travail. Le salarié n'est pas tenu d'effectuer un préavis.

L'employeur doit remettre sans tarder au salarié un certificat de travail et une attestation Pôle emploi.

L'indemnisation

Il revient au juge de décider si la prise d'acte est justifiée ou non.

Si les faits invoqués justifient la prise d'acte, celle-ci produit les effets d'un **licenciement sans cause réelle et sérieuse** (ou d'un licenciement nul s'il s'agit d'un salarié protégé). Dans ce cas, l'employeur doit verser au salarié les indemnités suivantes :

- Indemnité de licenciement (légale ou conventionnelle).
- Indemnités compensatrices de congés payés et de préavis.
- Indemnité pour licenciement sans cause réelle et sérieuse (ou pour licenciement nul, le cas échéant).
- Indemnité liée à la perte de chance d'utiliser les droits acquis au titre du droit individuel à la formation (« Dif ») par les détenteurs de ce droit ouvert avant 2014 et mobilisable jusqu'en 2020.

Si la prise d'acte n'est pas justifiée, elle produit les effets d'une **démission.** Dans ce cas, le salarié doit verser à l'employeur une indemnité compensatrice de préavis. Il verse également la somme prévue en cas de clause de dédit-formation.

Le salarié ne peut pas bénéficier d'indemnités chômage dès la fin du contrat de travail. Les indemnités seront versées au salarié à l'issue de la procédure judiciaire, si le juge décide que la prise d'acte est justifiée.

2. Le départ négocié en cas de difficultés économiques

Trois causes permettent un départ négocié :

- Un accord de gestion prévisionnelle des emplois et des compétences (« GPEC »).
- Un plan de sauvegarde de l'emploi (« PSE »).
- Un plan de départ volontaire (« PDV ») semblable à la « RCC ».

Le départ négocié ne peut pas être l'occasion, pour l'employeur, de déroger aux obligations légales prévues en matière de licenciement économique.

Le salarié bénéficie de l'ensemble des mesures prévues par le « PSE » et bénéficie des mesures de reclassement si le plan prévoit des licenciements économiques.

La proposition de départ négocié peut être faite aussi bien par le salarié que par l'employeur et aucun formalisme n'est exigé.

L'indemnisation

Le salarié doit percevoir une indemnité de rupture. Son montant est fixé soit directement par l'employeur et le salarié, soit par accord collectif. Il est au moins aussi élevé que l'indemnité de licenciement.

Le salarié a droit à l'indemnité compensatrice de congés payés et à l'indemnité compensatrice de préavis, s'il remplit les conditions pour en bénéficier.

3. La rupture pour cas de force majeure

Trois causes entraînent la rupture pour cas de force majeure :

- Un événement extérieur à l'entreprise survient (incendie, catastrophe naturelle...), sans lien avec l'employeur ou le salarié.
- Cet événement était imprévisible lors de la conclusion du contrat.
- Cet événement rend la poursuite de l'activité du salarié impossible (définitivement ou au moins pour une longue durée).

Le contrat de travail est rompu immédiatement. L'employeur n'est pas tenu de respecter la procédure de licenciement. Aucun préavis n'est dû. Il remet au salarié un certificat de travail et l'attestation Pôle emploi.

L'indemnisation

Le salarié perçoit l'indemnité compensatrice de congés payés. L'indemnité de licenciement et l'indemnité compensatrice de préavis ne sont pas dues (sauf dispositions conventionnelles contraires). Toutefois, une indemnité compensatrice, à la charge de l'employeur, est versée au salarié si la rupture du contrat est la conséquence d'un sinistre. Le montant de cette indemnité est égal à l'indemnité de licenciement et à l'indemnité compensatrice de préavis.

4. Le départ à la retraite

Le départ d'un salarié à la retraite correspond :

- À la manifestation explicite du salarié.
- Ou à une décision unilatérale de l'employeur pour un salarié qui a atteint 70 ans dans le secteur privé ou 67 ans dans le secteur public.

Dans les deux cas, il y a rupture du contrat de travail.

L'indemnisation

Seul dans le secteur privé, une indemnité légale de départ à la retraite est versée et correspond à :

- Un demi-mois à partir de 10 ans d'ancienneté.
- Un mois à partir de 15 ans d'ancienneté.
- Un mois et demi à partir de 20 ans d'ancienneté.
- Deux mois à partir de 30 ans d'ancienneté.

5. Le licenciement économique

Le licenciement économique doit avoir une cause réelle et sérieuse (article L. 1233-3 du code du travail). IL est justifié par un impératif économique conjoncturel ou structurel.

Le licenciement économique est effectué par un employeur pour un ou plusieurs motifs non inhérents à la personne du salarié, résultant d'une suppression ou transformation d'emploi ou d'une modification, refusé par le salarié d'un élément essentiel du contrat de travail consécutives à des difficultés économiques ou à des mutations technologiques. La « Loi travail » de 2016 accorde la qualification de licenciement économique pour :

- La réorganisation de l'entreprise en vue de la sauvegarde de sa compétitivité.
- Lors de la cessation de l'activité de l'entreprise.
- Lors de difficultés économiques caractérisées par l'évolution significative d'au moins un indicateur économique tels que baisse des commandes, baisse du chiffre d'affaires, perte d'exploitation, problème de trésorerie… ou tout autre élément de nature à justifier de ces difficultés.

La baisse de commandes ou de chiffre d'affaires est caractérisée par la taille de l'entreprise :

- Entreprise de moins de 11 salariés : baisse sur un trimestre.
- Entreprise de 11 à 49 salariés : baisse sur deux trimestres consécutifs.

- Entreprise de 50 à 299 salariés : baisse sur trois trimestres consécutifs.
- Entreprise de plus de 300 salariés : baisse sur quatre trimestres consécutifs.

L'indemnisation

Le montant de l'indemnité légale de licenciement est calculé sur la base du salaire de référence brut perçu avant la rupture du contrat de travail.

L'indemnité ne peut pas être inférieure aux montants suivants :

- Un quart de mois de salaire par année d'ancienneté pour les dix premières années.
- Un tiers de mois de salaire par année d'ancienneté à partir de la onzième année.

Cette indemnité n'est pas soumise aux contributions et cotisations sociales ni à l'impôt sous certaines conditions.

Exemple

Un salarié dont l'ancienneté est de 12 ans et 9 mois, et ayant perçu un salaire mensuel de référence de 2 000 € est licencié économiquement. L'indemnité légale minimum est calculée ainsi :

Indemnité légale minimum	=	Indemnité des 10 premières années	+	Indemnité des 2 années suivantes	+	Indemnité des 9 derniers mois
6 833,33 €	=	**[(2 000 € x ¼) x 10 ans]**	+	**[(2 000 € x 1/3) x 2 ans]**	+	**[(2 000 € x 1/3) x 9/12 mois]**

Le salaire de référence est déterminé en prenant en compte, selon la formule la plus avantageuse :

- La moyenne mensuelle des douze derniers mois précédant la rupture du contrat, ou lorsque l'ancienneté du salarié est inférieure à douze mois, la moyenne mensuelle de la rémunération des mois précédant la rupture du contrat.
- Soit le tiers des trois derniers mois (dans ce cas, les primes et gratifications exceptionnelles ou annuelles sont prises en compte au prorata du temps de présence).

II. La rupture d'un contrat à durée déterminée (« CDD »)

En dehors de la période d'essai, le « CDD » peut être rompu avant le terme prévu **uniquement dans les cas suivants** :

- Accord entre l'employeur et le salarié.
- Demande du salarié qui justifie d'une embauche en « CDI ».
- Faute grave (ou faute lourde) du salarié ou de l'employeur.
- Force majeure.
- Inaptitude constatée par le médecin du travail.

Le salarié doit respecter un préavis (sauf dispense de l'employeur) s'il rompt le « CDD » en raison d'une embauche en « CDI ». La durée de ce préavis est calculée à raison d'un jour par semaine, compte tenu :

- soit de la durée totale du « CDD », renouvellement inclus, lorsqu'il comporte une date de fin précise,
- soit de la durée effectuée, lorsqu'il ne comporte pas de terme précis.

Le décompte est effectué en jours ouvrés. Dans tous les cas, le préavis ne peut pas dépasser deux semaines.

Si la rupture anticipée du contrat est la conséquence d'un sinistre relevant d'un cas de force majeure, le salarié a droit à une indemnité compensatrice, à la charge de l'employeur, dont le montant est égal aux rémunérations qu'il aurait perçues jusqu'au terme du contrat.

En cas de rupture anticipée du fait de l'employeur (en dehors des cas autorisés, par exemple pour faute grave du salarié), le salarié a droit à des dommages et intérêts d'un montant au moins égal aux rémunérations qu'il aurait perçues jusqu'au terme du contrat.

En cas de rupture anticipée du fait du salarié en dehors des cas autorisés (embauche en « CDI », inaptitude...), celui-ci doit verser à l'employeur des dommages et intérêts correspondant au préjudice subi.

Le « CDD » s'achève de plein droit à l'échéance du terme prévu au contrat.

Le terme du « CDD » initialement fixé peut être reporté lorsque le « CDD » a été conclu pour remplacer un salarié temporairement absent ou dont le contrat était suspendu. Le report est possible jusqu'au surlendemain du jour où la personne remplacée reprend ses fonctions.

Lorsque le salarié conserve son emploi après l'échéance du « CDD » alors qu'aucun accord de renouvellement n'a été prévu, le contrat est re-qualifié en « CDI ».

Le salarié conserve l'ancienneté acquise au cours du « CDD » et la durée du « CDD » est déduite de la période d'essai éventuellement prévue dans le « CDI ».

III. Les documents à remettre au salarié en cas de rupture de contrat de travail

À la date de rupture du contrat de travail, l'employeur remet au salarié les documents suivants :

- **Un certificat de travail :** le certificat de travail est un document remis par l'employeur au salarié à l'expiration du contrat de travail, quels que soit les motifs de la rupture (licenciement, démission, fin de « CDD », départ en retraite...) et la durée du contrat.
- **Une attestation destinée à Pôle emploi :** l'attestation Pôle emploi est un document permettant d'établir les droits des salariés quittant leur entreprise au bénéfice des allocations de chômage.

L'employeur doit fournir cette attestation à tout salarié quittant l'entreprise, quel que soit :

- Le motif de la rupture du contrat de travail (licenciement, démission, rupture conventionnelle...).
- Et la nature ou la durée du contrat (« CDI », « CDD », activité saisonnière, contrat d'apprentissage, contrat de travail intermittent...).

L'attestation doit notamment préciser :

- L'identité et la qualification du salarié.
- Le motif de la rupture du contrat de travail.
- La durée de l'emploi.
- Le montant des rémunérations des 12 derniers mois (salaires, primes, indemnités, montant du solde de tout compte).

En cas de fausse indication (par exemple, un motif de rupture du contrat de travail inexact), le salarié peut prétendre au bénéfice de dommages-intérêts.

- **Le bordereau individuel d'accès à la formation** (« Biaf »), sauf lorsqu'il est remis lors de l'embauche ou que le contrat n'est pas pris en compte pour les droits au « Cif ».
- **Un solde de tout compte :** le solde de tout compte est établi par l'employeur et remis (contre reçu) au salarié qui quitte son emploi. Ce document fait l'inventaire des sommes versées au salarié lors de la rupture du contrat de travail. La validité du solde de tout compte et le délai de contestation sont soumis à conditions.

IV. Le calcul d'un solde de tout compte

Le solde de tout compte, établi par l'employeur et remis au salarié quittant son emploi, fait l'inventaire des sommes versées au salarié lors de la rupture du contrat de travail. Selon le motif du départ, il contiendra une ou plusieurs des rubriques ci-dessous.

A. La retenue lors d'un départ en cours de mois

Cette retenue peut se calculer de différentes manières, mais en principe on la calcule selon la méthode pour absence en fonction de l'horaire réel.

B. Le solde des primes annuelles

Le montant des primes annuelles à verser lors d'une rupture de contrat de travail est calculé et payé au prorata temporis (à raison d'1/360e de jour), tout en tenant compte des éventuelles conventions de branche ou d'entreprise.

C. L'indemnité compensatrice de congés payés

Si le salarié n'a pas pu bénéficier de la totalité des congés acquis avant la date de rupture du contrat, il a droit au versement d'une indemnité compensatrice de congés payés.

Cette indemnité est calculée en appliquant :

- La règle du 1/10e, qui prévoit que l'indemnité est égale au dixième de la rémunération brute totale perçue par le salarié au cours de la période de référence.
- Ou la règle du maintien de salaire, qui prévoit que l'indemnité de congés payés est égale à la rémunération que le salarié aurait perçue s'il avait continué à travailler.

Le mode de calcul le plus avantageux pour le salarié doit être retenu.

D. L'indemnité de précarité d'emploi

Le salarié a droit à une indemnité de fin de contrat (dite « prime de précarité ») lorsque le « CDD » arrive à son terme et qu'il ne se poursuit pas par un « CDI ».

Toutefois, l'indemnité de fin de contrat n'est pas due dans les cas suivants :

- Si le salarié refuse un « CDI » pour occuper le même emploi ou un emploi similaire, avec une rémunération au moins équivalente.
- Rupture anticipée du contrat à l'initiative du salarié.

- Rupture anticipée du contrat due à la faute grave (ou faute lourde) du salarié ou à un cas de force majeure.
- Rupture du « CDD » au cours de la période d'essai.
- Emploi saisonnier ou emploi pour lequel l'usage exclut le recours à un « CDI ».
- S'il s'agit d'un contrat destiné à favoriser le recrutement de certaines catégories de personnes sans emploi et prévu par des dispositions législatives ou réglementaires (contrat unique d'insertion (« CUI »), contrat de professionnalisation, « CDD » senior par exemples).
- Contrat pour lequel l'employeur s'est engagé à assurer un complément de formation professionnelle au salarié.
- Contrat conclu avec un jeune pendant ses vacances scolaires ou universitaires.

L'indemnité de fin de contrat est égale au minimum à **10 %** de la rémunération brute totale versée durant le contrat.

Toutefois, ce pourcentage peut être limité à 6 % par une convention ou un accord collectif de branche étendu (ou par convention ou accord d'entreprise ou d'établissement). Dans ce cas, des contreparties doivent être offertes au salarié, notamment sous la forme d'un accès privilégié à la formation professionnelle (action de formation, bilan de compétences).

Cette indemnité doit être incluse dans l'assiette de calcul de l'indemnité compensatrice de congés payés. Elle est soumise aux contributions et cotisations sociales ainsi qu'à l'impôt sur le revenu.

L'indemnité est versée à l'issue du contrat en même temps que le dernier salaire et doit figurer sur le bulletin de paye correspondant.

En cas de renouvellement du « CDD », l'indemnité est versée à l'issue du second contrat.

APPLICATION 1 : RUPTURE D'UN CDD

Mme Janet Manon est embauchée en CDD le 1er juillet N dans l'entreprise Kavala (de 50 salariés) pour un salaire mensuel brut de 2 500 €. Ses droits à congés payés sont de 25 jours ouvrés par an et elle a droit à des titres-restaurant d'une valeur unitaire de 10 € (participation patronale de 6 €). Son contrat de travail s'arrête le mardi 30 septembre N.

Les jours fériés sont non travaillés et chômés. Les mois de juillet, août et septembre ont, chacun, comporté 22 jours ouvrés.

Travail à faire :

1) Calculez le solde de tout compte (en annexe 1) par étape successive :

1re étape : avantage en nature (titres restaurant).

Annexe 1 – Tableau de calculs pour solde de tout compte

Éléments	Calculs	Montants
Salaire de base		**2 500**
+ Indemnité de précarité emploi		
+ Indemnité compensatrice de congés payés		
+ Avantage titres restaurant soumis à cotisations	À calculer	
	= **Salaire brut versé en juillet/août et septembre.**	
– Cotisations sociales		
	= **Salaire net en septembre.**	
– Avantage titres restaurant	À calculer	
– Retenue titres restaurant	À calculer	
	= **Salaire net à payer fin septembre.**	

2e étape : la rémunération brute totale versée durant le contrat et l'indemnité de précarité emploi.

	Juillet	Août	Septembre	Total
Salaires bruts				
+ Avantage titres restaurant soumis à cotisations				
= Rémunération brute totale versée durant le contrat				
D'où indemnité de précarité (= 10 % rémunération brute totale versée durant le contrat).				

3e étape : assiette de calcul de l'indemnité compensatrice de congés payés.

Rémunération brute totale versée durant le contrat	
+ Indemnité de précarité (= 10 % rémunération brute totale versée durant le contrat).	
= **Assiette de calcul de l'indemnité compensatrice de congés payés**	

4e étape : indemnité compensatrice de congés payés.

A) Selon la méthode du maintien intégral de salaire.

B) Selon la méthode du 10e.

2) Établissez le bulletin de salaire du mois de septembre N (annexe 2).

Un complément santé payé par la salariée est de 20 €. Ce complément santé est payé par l'employeur pour 20 €, majoré de 20 € imposable. Le taux d'accidents du travail est de 2 %.

Annexe 2 - BULLETIN DE PAIE DE SEPTEMBRE N			
EMPLOYEUR :		**SALARIE :**	
Nom :	Kavala	***Nom et Prénom :***	Janet Manon
Adresse :	22 rue du puits	***Adresse :***	13 avenue Cauchy
CP et Ville :	92 330 Sceaux	***Numéro SS :***	286127508925
Numéro APE et ou SIRET :		***Convention collective :***	-
URSSAF :		***Emploi :***	CDD « comptabilité »

Salaire de base			
Indemnité précarité emploi			
Indemnité compensatrice congés payés			
Avantages en nature			
SALAIRE BRUT			

COTISATIONS	PART SALARIALE			PART PATRONALE		
	Base	**Taux**	**Montant**	**Base**	**Taux**	**Montant**
Santé						
Maladie, maternité, invalidité, décès						
Complémentaire santé						
Cotisation patronale frais de santé imposable						
Accidents du travail et maladies professionnelles						
Retraite						
Sécurité sociale plafonnée						
Sécurité sociale déplafonnée						
Complémentaire tranche A - ARRCO (cadre ou non)						
Complémentaire tranche B - ARRCO (non cadre)						
AGFF tranche A						
AGFF tranche B						
Supplémentaire						
Famille sécurité sociale (allocations familiales)						
Assurance chômage						
Tranche A						
Tranche B						
Tranche AGS (FNGS)						
Autres contributions dues par l'employeur						
Aide au logement plafonnée (FNAL, tous employeurs)						
Aide au logement plafonnée (FNAL, 20 salariés et plus)						
Contribution solidarité autonomie						
Financement des organisations syndicales						
Taxe d'apprentissage						
Formation professionnelle						
Versement transport (entreprise d'au moins 10 salariés)						
Cotisations statutaires ou prévues conv. collective						
CSG non imposable à l'impôt sur le revenu						
CSG imposable à l'impôt sur le revenu						
CRDS imposable à l'impôt sur le revenu						
Allègement de cotisations						
TOTAL des cotisations et contributions						
Net payé en euros						

	Total versé par l'employeur	**Allègement de cotisations**
A CONSERVER SANS LIMITATION DE DUREE		

CORRIGÉ

1) Calcul du solde de tout compte (annexe 1) par étape successive.

1re étape : avantage en nature (titres restaurant).

Éléments	Calculs	Montants
Salaire de base		2 500,00
+ Indemnité de précarité emploi	À calculer par rapport à 10 % de la rémunération brute totale versée durant le contrat.	À déterminer en étape 2
+ Indemnité compensatrice de congés payés	À calculer par rapport à l'assiette de calculs de l'indemnité.	À déterminer en étapes 3 et 4
+ Avantage titres restaurant soumis à cotisations	Exonéré des cotisations sociales et fiscales dans la limite du forfait employeur de 5,43 €. D'où à inclure dans la rémunération brute mensuelle pour assiette cotisations sociales et fiscales 12,54 € [= (6 € – 5,43€) × 22 jours ouvrés].	**+12,54**
	= Salaire brut versé en juillet/août et septembre.	**2 512,54**
– Cotisations sociales		À déterminer en annexe 2
	= Salaire net en septembre.	À déterminer en annexe 2
– Avantage titres restaurant		**-12,54**
– Retenue titres restaurant	88,00 = 22 jours ouvrés × (10 € – 6 €)	**-88,00**
	= Salaire net à payer fin septembre.	À déterminer en annexe 2

2e étape : la rémunération brute totale versée durant le contrat et l'indemnité de précarité emploi.

Le contrat de travail se terminant le 30 septembre (fin du mois), il n'y a aucune retenue « entrée/sortie » à calculer.

	Juillet	Août	Septembre	Total
Salaires bruts	2 500,00	2 500,00	2 500,00	7 500,00
+ Avantage titres restaurant soumis à cotisations	12,54	12,54	12,54	37,62
= Rémunération brute totale versée durant le contrat				**7 537,62**
D'où indemnité de précarité (= 10 % rémunération brute totale versée durant le contrat).				**753,76**

3e étape : assiette de calcul de l'indemnité compensatrice de congés payés.

Rémunération brute totale versée durant le contrat	**7 537,62**
+ Indemnité de précarité (= 10 % rémunération brute totale versée durant le contrat).	**753,76**
= **Assiette de calcul de l'indemnité compensatrice de congés payés**	**8 291,38**

4e étape : indemnité compensatrice de congés payés.

Nombre de jours de congés payés acquis :

= (25 jours ouvrés de congés payés/12 mois) × 3 mois de travail effectif.

= 2,08 × 3 mois de travail effectif en CDD.

= **6,25** jours **arrondis** à **7 jours ouvrés de congés payés.**

A) Détermination de l'indemnité compensatrice de congés payés selon la méthode du maintien intégral de salaire

$$\text{Indemnité globale de congés payés} = \text{Retenue pour absence} = \frac{\text{Nombre de jours } \textbf{ouvrés} \text{ d'absence}}{\text{Nombre de jours } \textbf{ouvrés} \text{ du mois}} \times \text{Rémunération totale brute mensuelle}$$

$$\text{Indemnité globale de congés payés} = \text{Retenue pour absence} = \frac{7}{22} \times \textbf{2 512,54€}$$

Indemnité globale de congés payés = Retenue pour absence = **799,44 €**

B) Détermination de l'indemnité compensatrice de congés payés selon la méthode du 10e

$$\text{Indemnité globale de congés payés} = \frac{1}{10} \times \text{Rémunération totale brute perçue sur la période de référence}$$

$$\text{Indemnité globale de congés payés} = \frac{1}{10} \times 30\,904{,}24\text{ €}$$

La rémunération totale brute perçue sur la période de référence est reconstituée et est égale à :

Rémunération brute totale versée pendant le contrat × 4 trimestres	30 150,48	= 4 × 7 537,62
+ Indemnité de précarité	753,76	
= Rémunération totale brute perçue sur la période de référence	30 904,24	

Indemnité globale de congés payés = **3 090,42 €**

$$\text{Indemnité globale de congés payés} = \frac{\text{Nombre de jours } \textbf{(ouvrés)} \text{ de congés pris}}{\text{Nombre de jours } \textbf{(ouvrés)} \text{ de congés donnés par la loi sur la période de référence}} \times \text{Indemnité globale de congés payés}$$

$$\text{Indemnité globale de congés payés} = \frac{7}{25} \times \mathbf{3\,090{,}42\ €}$$

Indemnité globale de congés payés =865,32 €

La méthode du dixième étant la méthode la plus avantageuse, on retient celle-ci.

2) Établissement du bulletin de salaire du mois de septembre N.

Cf. ci-contre.

Annexe 2 - BULLETIN DE PAIE DE SEPTEMBRE N			
EMPLOYEUR :		**SALARIE :**	
Nom :	**Kavala**	***Nom et Prénom :***	Janet Manon
Adresse :	22 rue du puits	***Adresse :***	13 avenue Cauchy
CP et Ville :	92 330 Sceaux	***Numéro SS :***	286127508925
Numéro APE et ou SIRET :		***Convention collective :***	-
URSSAF :		***Emploi :***	CDD « comptabilité »

Salaire de base	151,67	16,48 €	2 500,00 €
Indemnité précarité emploi			753,76 €
Indemnité compensatrice congés payés			865,32 €
Avantages en nature			12,54 €
		SALAIRE BRUT	**4 131,62 €**

COTISATIONS	**PART SALARIALE**			**PART PATRONALE**		
	Base	**Taux**	**Montant**	**Base**	**Taux**	**Montant**
Santé						
Maladie, maternité, invalidité, décès	4 131,62 €	0,00%	0,00 €	4 131,62 €	12,89%	532,57 €
Complémentaire santé			20,00 €			20,00 €
Cotisation patronale frais de santé imposable						20,00 €
Accidents du travail et maladies professionnelles				4 131,62 €	2,00%	82,63 €
Retraite						
Sécurité sociale plafonnée	3 311,00 €	6,90%	228,46 €	3 311,00 €	8,55%	283,09 €
Sécurité sociale déplafonnée	4 131,62 €	0,40%	16,53 €	4 131,62 €	1,90%	78,50 €
Complémentaire tranche A - ARRCO (cadre ou non)	3 311,00 €	3,10%	102,64 €	3 311,00 €	4,65%	153,96 €
Complémentaire tranche B - ARRCO (non cadre)	820,62 €	8,10%	66,47 €	820,62 €	12,15%	99,71 €
AGFF tranche A	4 131,62 €	0,80%	33,05 €	4 131,62 €	1,20%	49,58 €
AGFF tranche B	820,62 €	0,90%	7,39 €	820,62 €	1,30%	10,67 €
Supplémentaire						
Famille sécurité sociale (allocations familiales)				4 131,62 €	5,25%	216,91 €
Assurance chômage						
Tranche A				3 311,00 €	4,05%	134,10 €
Tranche B				820,62 €	4,05%	33,24 €
Tranche AGS (FNGS)				4 131,62 €	0,15%	6,20 €
Autres contributions dues par l'employeur						
Aide au logement plafonnée (FNAL, tous employeurs)				3 311,00 €	0,10%	3,31 €
Aide au logement plafonnée (FNAL, 20 salariés et plus)				4 131,62 €	0,50%	20,66 €
Contribution solidarité autonomie				4 131,62 €	0,30%	12,39 €
Financement des organisations syndicales				4 131,62 €	0,016%	0,66 €
Taxe d'apprentissage				4 131,62 €	0,680%	28,10 €
Formation professionnelle				4 131,62 €	1,000%	41,32 €
Versement transport (entreprise d'au moins 10 salariés)						
Cotisations statutaires ou prévues conv. collective						
CSG non imposable à l'impôt sur le revenu	4 079,32 €	6,80%	277,39 €			
CSG imposable à l'impôt sur le revenu	4 079,32 €	2,40%	97,90 €			
CRDS imposable à l'impôt sur le revenu	4 079,32 €	0,50%	20,40 €			
Allègement de cotisations						
TOTAL des cotisations et contributions			**870,23 €**			**1 827,58 €**
		Net payé en euros	**3 160,85 €**			
	Total versé par l'employeur			**Allègement de cotisations**		
	5 959,20 €					

A CONSERVER SANS LIMITATION DE DUREE

APPLICATION 2 : RUPTURE D'UN CDI

Mr Fajal Valentin est embauché le 1er septembre N – 19 dans l'entreprise Top'déco (de 50 salariés). Son salaire mensuel brut est de 3 700 € et un 13e mois lui est versé en décembre de chaque année. Ses droits à congés payés (calculés en jours ouvrables) sur la période N – 1/N ont été soldés. L'entreprise applique la méthode du 1/10e.

Son licenciement pour motif économique lui a été notifié le 30 septembre N et prendra effet le 1er janvier N + 1.

Travail à faire :

1) Calculez le solde de tout compte.

2) Établissez le bulletin de salaire du mois de décembre N (annexe 1).

Un complément santé payé par la salariée est de 20 €. Ce complément santé est payé par l'employeur pour 20 €, majoré de 20 € imposable.

Le taux d'accident du travail est de 2 %.

3) Comptabilisez le bulletin de salaire au 31/12/N.

Annexe 1 - BULLETIN DE PAIE DE DECEMBRE N			
EMPLOYEUR :		**SALARIE :**	
Nom :	Top'déco	***Nom et Prénom :***	FAJAL Valentin
Adresse :	03 rue de Rivoli	***Adresse :***	33 Faubourg St Martin 75010 Paris
CP et Ville :	75001 Paris	***Numéro SS :***	1781018234097
Numéro APE et ou SIRET :		***Convention collective :***	-
URSSAF :		***Emploi :***	Cadre

Salaire de base			
Indemnité de licenciement			
Indemnité compensatrice congés payés			
SALAIRE BRUT			

COTISATIONS	**PART SALARIALE**			**PART PATRONALE**		
	Base	**Taux**	**Montant**	**Base**	**Taux**	**Montant**
Santé						
Maladie, maternité, invalidité, décès						
Assurance décès obligatoire cadre						
Complémentaire santé						
Cotisation patronale frais de santé imposable						
Accidents du travail et maladies professionnelles						
Retraite						
Sécurité sociale plafonnée						
Sécurité sociale déplafonnée						
Complémentaire tranche A - ARRCO (cadre ou non)						
Complémentaire tranche B - AGIRC (cadre)						
Complémentaire tranche C - AGIRC (cadre)						
CET cadres						
APEC						
AGFF tranche A						
AGFF tranche B						
Supplémentaire						
Famille sécurité sociale (allocations familiales)						
Assurance chômage						
Tranche A						
Tranche B						
Tranche AGS (FNGS)						
Autres contributions dues par l'employeur						
Aide au logement plafonnée (FNAL, tous employeurs)						
Aide au logement plafonnée (FNAL, 20 salariés et plus)						
Contribution solidarité autonomie						
Financement des organisations syndicales						
Taxe d'apprentissage						
Formation professionnelle						
Versement transport (entreprise d'au moins 10 salariés)						
Cotisations statutaires ou prévues conv. collective						
CSG non imposable à l'impôt sur le revenu						
CSG imposable à l'impôt sur le revenu						
CRDS imposable à l'impôt sur le revenu						
Allègement de cotisations						
TOTAL des cotisations et contributions						
Net payé en euros						
	Total versé par l'employeur			**Allègement de cotisations**		
A CONSERVER SANS LIMITATION DE DUREE						

CORRIGÉ

1) Calculs du solde de tout compte.

Calculs de l'indemnité de congés payés selon la méthode du 1/10e

Les congés ont été soldés (donc pris) par rapport à la période de référence N – 1/N.

Les droits à congés payés ouverts sur la période de référence N/N + 1 et jusqu'à la date de fin du contrat (donc du 01/06 au 31/12/N) sont de 17,5 jours (7 mois × 2,5 jours par mois).

Indemnité globale de congés payés $= \frac{1}{10} \times$ Rémunération totale brute perçue sur la période de référence

Indemnité globale de congés payés $= \frac{1}{10} \times$ 44 400,00 € [= 3 700 € × 12 mois (le 13e mois étant exclu)].

Indemnité globale de congés payés = **4 440,00 €**

Indemnité globale de congés payés = Nombre jours **(ouvrables)** de congés non pris / Nombre jours **(ouvrables)** de congés donnés par loi sur la période de référence × Indemnité globale de congés payés

Indemnité globale de congés payés = 17,50/30 × 4 440,00 €

Indemnité globale de congés payés = **2 590,00 €**

Calculs de l'indemnité de licenciement

Mr Fajal possède 19 ans et 4 mois d'ancienneté dans l'entreprise. Son indemnité de licenciement est calculée et sera de :

- Soit sur le salaire brut **moyen** des **3 derniers mois.**

Indemnité calculée sur le salaire brut **moyen 3 derniers mois** $= \frac{(3\,700\text{ €} \times 3\text{ mois})}{3} =$ **3 700,00 €**

- Soit sur le salaire brut **moyen** des **12 derniers mois** (à inclure le 13e mois).

Indemnité calculée sur le salaire brut **moyen 12 derniers mois** $= \frac{(3\,700\text{ €} \times 13\text{ mois})}{12} =$ **4 008,33 €**

Le mode de calcul le plus avantageux pour le salarié doit être retenu. Ici, on retient donc la seconde méthode.

L'indemnité de licenciement est déterminée de la façon suivante :

Indemnité légale minimum	=	Indemnité des 10 premières années	+	Indemnité des 9 années suivantes	+	Indemnité des 4 derniers mois
22 491,19 €	=	**[(4008,33 € x ¼) x 10 ans]**	+	**[(4008,33 € x 1/3) x 9 ans]**	+	**[(4008,33 € x 1/3) x 4/12 mois]**

Elle est donc de 22 491,19 €.

2) Établissement du bulletin de salaire du mois de décembre N (annexe 1).

Cf. ci-après.

Annexe 1 - BULLETIN DE PAIE DE DECEMBRE N			
EMPLOYEUR :		**SALARIE :**	
Nom :	Top'déco	***Nom et Prénom :***	FAJAL Valentin
Adresse :	03 rue de Rivoli	***Adresse :***	33 Faubourg St Martin 75010 Paris
CP et Ville :	75001 Paris	***Numéro SS :***	1781018234097
Numéro APE et ou SIRET :		***Convention collective :***	-
URSSAF :		***Emploi :***	Cadre

Salaire de base	151,67	24,40 €	3 700,00 €
Indemnité de licenciement			22 491,19 €
Indemnité compensatrice congés payés			2 590,00 €
		SALAIRE BRUT	**28 781,19 €**

COTISATIONS	PART SALARIALE			PART PATRONALE		
	Base	**Taux**	**Montant**	**Base**	**Taux**	**Montant**
Santé						
Maladie, maternité, invalidité, décès	28 781,19 €	0,00%	0,00 €	28 781,19 €	12,89%	3 709,90 €
Assurance décès obligatoire cadre				3 311,00 €	1,50%	49,67 €
Complémentaire santé			20,00 €			20,00 €
Cotisation patronale frais de santé imposable						20,00 €
Accidents du travail et maladies professionnelles				28 781,19 €	2,00%	575,62 €
Retraite						
Sécurité sociale plafonnée	3 311,00 €	6,90%	228,46 €	3 311,00 €	8,55%	283,09 €
Sécurité sociale déplafonnée	28 781,19 €	0,40%	115,12 €	28 781,19 €	1,90%	546,84 €
Complémentaire tranche A - ARRCO (cadre ou non)	3 311,00 €	3,10%	102,64 €	3 311,00 €	4,65%	153,96 €
Complémentaire tranche B - AGIRC (cadre)	9 933,00 €	7,80%	774,77 €	9 933,00 €	12,75%	1 266,46 €
Complémentaire tranche C - AGIRC (cadre)	13 244,00 €	7,80%	1 033,03 €	13 244,00 €	12,75%	1 688,61 €
CET cadres	26 488,00 €	0,13%	34,43 €	26 488,00 €	0,22%	58,27 €
APEC	13 244,00 €	0,024%	3,18 €	13 244,00 €	0,036%	4,77 €
AGFF tranche A	3 311,00 €	0,80%	26,49 €	3 311,00 €	1,20%	39,73 €
AGFF tranche B	9 933,00 €	0,90%	89,40 €	9 933,00 €	1,30%	129,13 €
Supplémentaire						
Famille sécurité sociale (allocations familiales)				28 781,19 €	5,25%	1 511,01 €
Assurance chômage						
Tranche A				3 311,00 €	4,05%	134,10 €
Tranche B				9 933,00 €	4,05%	402,29 €
Tranche AGS (FNGS)				13 244,00 €	0,15%	19,87 €
Autres contributions dues par l'employeur						
Aide au logement plafonnée (FNAL, tous employeurs)				3 311,00 €	0,10%	3,31 €
Aide au logement plafonnée (FNAL, 20 salariés et plus)				28 781,19 €	0,50%	143,91 €
Contribution solidarité autonomie				28 781,19 €	0,30%	86,34 €
Financement des organisations syndicales				28 781,19 €	0,016%	4,60 €
Taxe d'apprentissage				28 781,19 €	0,680%	195,71 €
Formation professionnelle				28 781,19 €	1,00%	287,81 €
Versement transport (entreprise d'au moins 10 salariés)						
Cotisations statutaires ou prévues conv. collective						
CSG non imposable à l'impôt sur le revenu	28 801,19 €	6,80%	1 958,48 €			
CSG imposable à l'impôt sur le revenu	28 801,19 €	2,40%	691,23 €			
CRDS imposable à l'impôt sur le revenu	28 801,19 €	0,50%	144,01 €			
Allègement de cotisations						
		TOTAL des cotisations et contributions	**5 221,24 €**			**11 335,00 €**
		Net payé en euros	**23 559,95 €**			

	Total versé par l'employeur	**Allègement de cotisations**
	40 116,19 €	
A CONSERVER SANS LIMITATION DE DUREE		

3) Comptabilisation du bulletin de salaire au 31 décembre N.

1re étape : comptabilisation de la rémunération brute

	31/12/N		
641 000	Rémunération du personnel	28 781,19	
421 000	Personnel, rémunération due		28 781,19
	Salaire cadre		

2e étape : comptabilisation des cotisations sociales salariales

	31/12/N		
421 000	Personnel, rémunération due	5 221,24	
431 000	Sécurité sociale (URSSAF et chômage)		3 290,80
437 300	Caisse retraite cadre		1 910,44
437 400	Complémentaire santé		20,00
	Cotisations salariales cadre		

3e étape : comptabilisation des charges sociales patronales

	31/12/N		
645 000	Charges de sécurité sociale et prévoyance	10 846,87	
631 000	Impôts, taxes et versements assimilés sur rénumération	488,13	
431 000	Sécurité sociale (URSSAF et chômage)		7 697,84
437 300	Caisse de retraite cadre		309,03
437 400	Complémentaire santé		40,00
437 500	Autres organismes		488,13
	Cotisations patronales		

4e étape : comptabilisation du paiement du salaire net

	31/12/N		
421 000	Personnel, rémunération due	23 559,95	
512 000	Banque		23 559,95
	Versement salaires net cadre		

Fiche 9
Les régularisations de cotisations sociales

Définition

Les **cotisations sociales** sont des prélèvements assis sur les salaires. Ceux-ci varient, il convient d'en connaître les modifications et d'en faire des régularisations.

Objectif

Les cotisations correspondent à une part socialisée du salaire, il faut « justement » en connaître les montants afin d'en assurer la redistribution avec une recherche d'équilibre.

I. Pourquoi régulariser les cotisations sociales ?

Les cotisations sociales qu'elles soient salariales et patronales, varient au cours du temps.

Leurs variations peuvent provenir d'une évolution du travail du salarié, relative soit à une augmentation du salaire (promotion, primes etc.) donc des cotisations, soit à un déclassement (licenciement, changement d'employeur etc.) entraînant une diminution du salaire donc des cotisations.

Leurs variations peuvent provenir d'une **décision gouvernementale** soit par une augmentation des taux de cotisations pour « renflouer » les caisses des différents organismes sociaux souvent déficitaires, soit par une diminution des taux qui minimisera le coût du travail.

II. Comment régulariser les cotisations sociales ?

Les cotisations sociales sont calculées dans la limite d'un **plafond de sécurité sociale annuel** connu donc une seule fois l'an et comparé à la rémunération annuelle brute.

La rémunération ayant lieu mensuellement, on devra comparer ce montant **mensuel** au plafond de la sécurité sociale **mensuel**.

Deux méthodes de régularisation des cotisations sociales sont possibles :

- La régularisation annuelle.
- La régularisation progressive.

A. La régularisation annuelle

La rémunération se faisant mensuellement, on compare ce montant **mensuel** au plafond de la sécurité sociale **mensuel**, calculé en divisant le plafond annuel par 12.

Exemple

Monsieur Tapei est commercial dans une entreprise de la grande distribution. Le comptable cherche à savoir s'il doit régulariser les cotisations sociales le concernant au titre de l'année 2018.

Annexe – Rémunération mensuelle de Monsieur Tapei

Mois	Rémunération brute en €	Plafond mensuel de la sécurité sociale en €	Plafond annuel de la sécurité sociale en €
Janvier	3600	3 311	
Février	2200	3 311	
Mars	3800	3 311	
Avril	4100	3 311	
Mai	2800	3 311	
Juin	3500	3 311	
Juillet	3170	3 311	
Août	1900	3 311	
Septembre	3000	3 311	
Octobre	3400	3 311	
Novembre	4100	3 311	
Décembre	4500	3 311	
Total	40070		39 732

En janvier, la rémunération de 3 600 € est supérieure au plafond mensuel de la sécurité sociale de 3 311 €, les cotisations sociales sont donc calculées sur ce plafond.
En février, la rémunération de 2 200 € est inférieure au plafond mensuel de la sécurité sociale de 3 311 €, les cotisations sociales sont donc calculées sur la rémunération.
On suit le même raisonnement pour chacun des mois jusqu'en décembre.
Le comptable devra, **en fin d'année**, **régulariser** les cotisations sociales salariales et patronales car la rémunération annuelle (40 070 €) est supérieure au plafond annuel de la sécurité sociale.

Cette méthode fait payer au salarié des montants de cotisations, qui pour certains mois, ne sont pas dus, bien sûr avec une régularisation en décembre mais... ! !

B. La régularisation progressive

La régularisation progressive fait une comparaison du **cumul** des **rémunérations mensuelles** au **cumul** des **plafonds mensuels** de la sécurité sociale.

Exemple

Reprenons l'exemple précédent en appliquant la régularisation progressive, le comptable cherchant toujours à savoir s'il doit régulariser les cotisations sociales concernant la rémunération du salarié.

Annexe – Rémunération mensuelle de Monsieur Tapei

Mois	Rémunération brute en €	Cumuls de la rémunération brute en €	Plafond mensuel de la sécurité sociale en €	Cumul du plafond mensuel de la sécurité sociale en €	Base de calcul des cotisations selon la régularisation progressive en €				
Janvier	3 600	3 600	3 311	**3 311**	**3 311**	=	3 311	-	0
Février	2 200	**5 800**	3 311	6 622	**2 489**	=	5 800	-	3 311
Mars	3 800	**9 600**	3 311	9 933	**3 800**	=	9 600	-	5 800
Avril	4 100	13 700	3 311	**13 244**	**3 644**	=	13 244	-	9 600
Mai	2 800	**16 500**	3 311	16 555	**3 256**	=	16 500	-	13 244
Juin	3 500	20 000	3 311	**19 866**	**3 366**	=	19 866	-	16 500
Juillet	3 170	**23 170**	3 311	23 177	**3 304**	=	23 170	-	19 866
Août	1 900	**25 070**	3 311	26 488	**1 900**	=	25 070	-	23 170
Septembre	3 000	**28 070**	3 311	29 799	**3 000**	=	28 070	-	25 070
Octobre	3 400	**31 470**	3 311	33 110	**3 400**	=	31 470	-	28 070
Novembre	4 100	**35 570**	3 311	36 421	**4 100**	=	35 570	-	31 470
Décembre	4 500	40 070	3 311	**39 732**	**4 162**	=	39 732	-	35 570
Total = cumul du plafond mensuel de la sécurité sociale					**39 732**				

Interprétation des calculs

En janvier, la rémunération de 3 600 € est supérieure au plafond mensuel de la sécurité sociale de 3 311 €, les cotisations sociales sont donc calculées sur ce plafond.

En février, la rémunération de 2 200 € est inférieure au plafond mensuel de la sécurité sociale de 3 311 €. À la fin de février, il faut comparer la rémunération brute cumulée de 5 800 € à deux fois le plafond mensuel de la sécurité sociale soit 6 622 €.

Le salarié a une rémunération inférieure au plafond cumulé de la sécurité sociale, les cotisations sociales salariales et patronales sont calculées sur une base égale à la rémunération brute de 5 800 €.

Comme en janvier elles ont été calculées sur 3 311 €, en février elles le seront sur 2 489 € (= 5 800 - 3 311 €).

En mars, la rémunération de 3 800 € est supérieure au plafond mensuel de la sécurité sociale de 3 311 €, les cotisations sociales salariales et patronales devraient être calculées sur ce plafond.

À la fin de mars, il faut comparer la rémunération brute cumulée de 9 600 € à trois fois le plafond mensuel de la sécurité sociale soit 9 933 € Le salarié a une rémunération inférieure au plafond cumulé de la sécurité sociale, les cotisations sociales sont calculées cette rémunération de 9 600 €.

Or employeur et salarié ont déjà cotisé sur 5 800 € en janvier et février, donc en mars ils cotiseront seulement sur 3 800 € (=9 600 €– 5 800 €).

On suit le même raisonnement pour chacun des mois jusqu'en décembre.

On remarque que la base annuelle de calcul des cotisations ne dépasse pas les 39 732 € de plafond annuel de Sécurité sociale. Le salarié a donc payé **exactement** le montant des cotisations dues jamais « trop en avance » et jamais « trop en retard ».

La plupart des entreprises utilise cette méthode de régularisation progressive des bases de cotisations sociales afin d'éviter des rappels aux salariés (ou des prélèvements trop élevés) et afin de verser le plus régulièrement possible les montants dus aux organismes sociaux.

Fiche 10
La déclaration sociale

I. Le principe
II. Les déclarations sociales à « l'URSSAF » et « pôle emploi » (ou « ASSEDIC »)
III. Les déclarations sociales aux caisses de retraite et de prévoyance

Définition

La **déclaration sociale nominative** (« DSN ») rassemble les déclarations sociales adressées par les employeurs aux organismes de protection sociale.
(Obligatoire pour toutes les entreprises, depuis le 1er janvier 2016)

Objectif

Elle permet de transmettre mensuellement les données individuelles des salariés, grâce à la paye.

I. Le principe

Nous avons vu qu'il incombe à l'employeur de **calculer** les charges sociales chaque mois.

Il est le **seul** à les **déclarer**, après les avoir enregistrées sur chaque bulletin de salaire élaboré.

Il doit ensuite **payer** la part salariale pour le compte du salarié et la part patronale pour ce même salarié.

Ces cotisations sont afférentes aux différents organismes sociaux : « URSSAF », « ASSEDIC », retraite et prévoyance.

II. Les déclarations sociales à « l'URSSAF » et « pôle emploi » (ou « ASSEDIC »)

Les cotisations de Sécurité sociale (« **URSSAF** ») et chômage (**« pôle emploi » ou « ASSEDIC »)** sont payées aux différents organismes sociaux par l'employeur pour le compte du salarié. Le paiement de ces cotisations doit être effectué à dates fixes, déterminées selon l'effectif de l'entreprise au 31 décembre de chaque année et la date de paiement des salaires.

Entreprise dont l'effectif est de :	Au titre du mois M, si la date de paiement des salaires dans l'entreprise est :	Alors	La date de paiement des cotisations sociales « URSSAF » et « pôle emploi » est :
1 à 9 salariés		⇒	Le 15 du 1er mois du trimestre suivant.
	Entre le 1er et le 15 du mois M + 1.	⇒	Le 30 ou 31 du 1er mois du trimestre suivant.
		⇒	Sur option, paiement mensuel.
10 à 49 salariés	En fin de mois M.	⇒	Le 15 du mois M + 1.
	Entre le 1er et le 10 du mois M + 1.	⇒	Le 15 du mois M + 1.
	Après le 10 du mois M + 1.	⇒	Le 15 du mois suivant le mois M + 1 du versement.
50 salariés et plus	En fin de mois M.	⇒	Le 5 du mois M + 1.
	Entre le 1er et le 10 du mois M + 1.	⇒	Le 15 du mois M + 1.
	Entre le 11 et le 20 du mois M + 1.	⇒	Le 25 du mois M + 1.

Chaque versement de cotisations à « l'URSSAF » est accompagné obligatoirement d'un Bordereau Récapitulatif des Cotisations (ou « BRC »), daté et signé. L'employeur indique sur celui-ci la somme (arrondie) des salaires bruts. Des pourcentages sont alors appliqués sur ces montants bruts permettant la détermination des cotisations sociales dues.

III. Les déclarations sociales aux caisses de retraite et de prévoyance

Les dates de versement des cotisations sociales aux caisses de retraite et de prévoyance sont fixées librement par celles-ci. Le versement peut avoir lieu tous les trimestres ou tous les mois.

L'entreprise peut opter pour la Déclaration Unifiée de Cotisations Sociales (ou « **DUCS** »), qui permet de déclarer et payer en une seule fois les charges sociales destinées à chacun des organismes de retraite et prévoyance.

IV. La « DADS » (ou « Déclaration Annuelle des Données Sociales »)

La « **DADS** » est une formalité annuelle obligatoire pour tous les employeurs. Elle récapitule les sommes versées au cours de l'année précédente.

Elle existe sous différents supports :

- La « **DADS** » papier est utilisée par les entreprises de moins de 200 salariés. Cependant les procédures informatisées ont restreint son utilisation.
- La « **DADSNET** » correspond à une saisie des données sociales directement sur le site de la « Caisse Nationale d'Assurance Vieillesse » (ou « CNAV », caisse de retraite du régime général).
- La « **DADSU** » ou « Déclaration Annuelle des Données Sociales Unifiée » permet, à partir d'un logiciel de paie, de déclarer toutes les données des salariés, en un seul envoi, à destination des organismes concernés (Sécurité sociale, pôle emploi, caisses de retraite complémentaire et de prévoyance, impôt).

Ces documents déclaratifs sont accessibles sur les sites officiels tels que :
www.urssaf.fr/employeurs/dossiers_reglementaires
www.vosdroits.service-public.fr

Bibliographie

Sites Internet

www.impôts.gouv.fr
www.securite.sociale.fr
www.service-public.fr

Index

Les numéros renvoient aux numéros des fiches.

A

B

C

D

E

F

H

I

J

M

P

R

S

T

U

Imprimé en Italie par «La Tipografica Varese Srl» Varese